Ulrich Lüke

Mit anderen Worten …

Ulrich Lüke

Mit anderen Worten …

Anstößige Gedanken
im Kirchenjahr

BONIFATIUS

Imprimatur. Paderbornae, d. 06. m. Maii 2002
Nr. A 58-21.00.2/657. Vicarius Generalis i. V. Dr. Schmitz

Die Deutsche Bibliothek – CIP-Einheitsaufnahme

Lüke, Ulrich:
Mit anderen Worten ... : anstößige Gedanken im Kirchenjahr /
Ulrich Lüke. – Paderborn : Bonifatius, 2002
ISBN 3-89710-210-2

Den Lehrenden und Lernenden beiderseits des Katheders der Theologischen Fakultät Paderborn sowie den Gemeinden St. Walburga und St. Laurentius Borchen in Dankbarkeit.

Umschlagbild: Thomas Plassmann

Umschlaggrafik: Christian Knaak, Dortmunnd

ISBN 3-89710-210-2

Gesamtherstellung:
Bonifatius GmbH Druck · Buch · Verlag Paderborn

Inhalt

I.

Feste feiern, wie sie fallen

Weihnachten
Viehisch und mit Brettern vernagelt 11
Was sich ändert 13

Neujahr
Gottes-Gegenwart 16
Aller-Welts-Ereignis 18

Karneval
Optimist, Pessimist, Humorist? 21

Fastenzeit
Nicht gegönnt 24
Initiative Menschlichkeit 26
Menschliches Erbarmen gegen erbärmliches Menschsein 28
Leben aus Passion 30

Ostern
Hoffnung vom Ende bis zum Anfang 33
Logik des Herzens 35
Nicht ganz bei Troste? 37
Zwielichtige Existenzen? 40

Tag der geistlichen Berufe
Welt-geist-lich 43

Pfingsten
Wahrheitsfähig? 46
Babel-Bau weltweit 48

Kreuzerhöhung (14. 9.)
Kreuz-weise 51

Erntedank (1. Sonntag im Oktober)
Deutscher Erntedank? 54

Reformationsfest / Allerheiligen / Allerseelen / Totensonntag
... heftig gegen die Mitternacht 57
Zum Leben geliebt – zum Lieben gelebt 60
Heiligkeit aphoristisch 63

Christkönig
Wiederkunft und Niederkunft 66

II.

Auf Adel verpflichtet – auf Adel verzichtet Spät- und Auslese-Christen

Franz Stock (24. Februar)
Versöhnung – beseligend, heiligend 71

Meister Eckhart (??. März)
Mystischer Häretiker – häretischer Mystiker? 73

Oskar Arnulfio Romero (24. März)
Firm-vollendet 75

Florian (4. Mai)
Heiliger St. Florian 77

Augustin von Canterbury (27. Mai)
Geistliche Thermik 80

Aloysius von Gonzaga (21. Juni)
Milchbubi? 82

Ulrich von Augsburg (4. Juli)
Exzellenzen und andere Proleten 84

Nikolaus von Kues (11. August)
Einheit der Gegen-Sätze 86

Pontianus und Hippolyt (13. August)
Streithähne frühchristlich 89

Simone Weil (24. August)
(K)eine höhere Tochter? 91

Ida von Herzfeld (4. September)
Guter Hoffnung – lebenslänglich 93

Maria Euthymia (9. September)
Frauengeschichte 95

Theresa von Lisieux (30. September)
Merk-würdige Heilige 98

Martin von Tours (11. November)
Zum Gotterbarmen? 100

Elisabeth von Thüringen (19. November)
Himmel-reich 102

Nikolaus von Myra (6. Dezember)
Vorweihnachtliche De- oder
Regenerationserscheinung 104

Johannes vom Kreuz (14. Dezember)
Leere für die Fülle 106

III.

Um Gottes Lohn – Christsein außertariflich

Wortwörtlich
Beten – ein Hit? 111
Versaute Sprache 113

Wegzeichen
My way – God's highway? 116
Die Lücke, die ich reiße 118
Heimat auf Zeit – zeitlose Heimat 120

Kirchen-politisch
… auf krummen Linien gerade? 123
Verkaufs-Sonntag zum Sonntags-Verkauf 125

Göttlich natürlich und natürlich göttlich
Staunen weltweit und hautnah 128
Gebotene Bücher 130
Nur eine Geschichte für den A.? 132

Lyrisch-katholisch
Unnennbar und näher als wir uns selbst 135
Suche dich, Seele 137
Vatikanische Geheimdiplomatie – schwach lyrisch . . . 141

Kirchen-amtlich
Direktoriale Erwägungen 144
Klimawechsel, nicht Wetterumschwung 146
Ämterehre und Ehrenämter 148

Sterbens- und lebensversichert
Menschenopfer 151
Wie weiland der Heiland? 153
Lebensversicherung? 155

Zu Beginn schon am Ende
Klonisch krank? 158
Tötungslizenz? 161

I.

Feste feiern,
wie sie fallen

Weihnachten

Viehisch und mit Brettern vernagelt

Viele (die meisten?) von Ihnen haben wahrscheinlich zu Hause eine Krippe. Vielleicht beschränkt sie sich auf Josef und Maria mit dem Kind, oder ist reich ausstaffiert mit Ochs und Esel, Schafen, Hunden und Hirten, mit Feuerstelle und Ziehbrunnen und (über-) natürlich schwebt über allem der Verkündigungsengel. Bei manchen, die Ihrer Zeit voraus sind, biegen schon die Drei Könige, die Weisen aus dem Morgenland mit Kamelen und Dienern um die Ecke beim Weihnachtsbaum und rücken täglich ein Stückchen näher zur Krippe. Das alles ist ganz gewiß auch Spielerei, aber nicht nur Spielerei. Und manchmal hilft uns die Spielerei ja, den Ernst des Lebens besser zu verstehen und zu bewältigen. Wie kommt die Krippe in die Weihnachtsstube, und warum steht sie da? Die Apostel haben sicher noch keine Krippen aus Oberammergau eingeführt.

Zuerst gab es im Mittelalter wohl Krippenspiele zur Veranschaulichung des Heilsereignisses. Seit der Zeit des Franz von Assisi, seit der überlieferten Weihnachts- und Krippenfeier im Wald von Greccio 1223, gibt es Figurenkrippen, und zwar zunächst in den Kirchen. Die ersten Krippen in Deutschland gibt es seit Mitte des 16. Jahrhunderts. Erst ab dem 17. Jahrhundert finden sich Krippen auch in der häuslich-privaten Sphäre. Vor allem die Jesuiten, dann auch die Franziskaner haben diese Form der Frömmigkeit gepflegt. Die ursprüngliche Krippe war wohl nicht aus Holz; so stellte sie sich erst das Hochmittelalter vor. Die in St. Maria Maggiore verehrten Krippenreliquien, fünf kleine Brettchen, sind mit ziemlicher Sicherheit unecht.

Die ursprüngliche Krippe war vermutlich ein mit Lehm ausgeformter Felstrog. Im 4. Jahrhundert hat man diese primitive Lagerstatt Jesu durch eine silberne Krippe ersetzt. Man ertrug wohl nicht mehr diese Primitivität des Viehtrogs. Und gerade damit hat man das anstößige Zei-

chen der Erniedrigung Gottes weggeschafft. Eine silberne Krippe sei des Herrn der Welt würdiger, war vermutlich die fadenscheinig-fromme Begründung.
Heute findet man in der Krippen-Grotte eine marmorverkleidete Felsstufe, und darauf liegt der wertvolle vierzehnzackige Silberstern mit dem großen Medaillon in der Mitte. Aber die Sternstunde von Betlehem hat nichts mit Marmor und Silber zu tun, sondern mit Haut und Haar, mit Hand und Fuß, mit Herz und Hirn. Kostbare Weihrauchschwenker hat man in Betlehem um den Stern herum aufgehängt. Aber es hat wohl nicht nach Weihrauch gerochen bei dieser Geburt, sondern wie bei jeder Geburt nach Blut, Schweiß, Tränen und anderen menschlich-allzumenschlichen Ausdünstungen. Und es hat wohl auch nach Vieh gerochen. Er landet beim Vieh, in einem Trog wie zum Fraß vorgeworfen. Und in seinem späteren Leben sind ja nicht wenige, die ihn am liebsten gefressen hätten. Und die geradezu viehisch-brutale Inszenierung seiner Hinrichtung beendet, was mit einer Geburt beim Vieh begann. Sein Hoffnungsstern leuchtet auch und gerade da, wo die Welt mit angeblichen Krippenbrettern zugenagelt ist, wo nichts als Stroh gedroschen wird, sogar da, wo es viehisch zugeht und einem manches stinkt.
Und wie kommen Ochs und Esel in die Krippe? Sie wurden mit einem schriftlichen Viehtransport aus dem Alten Testament in die Krippenszene verbracht. Das Neue Testament berichtet nichts davon, aber in Jesaja 1,3 steht: „Der Ochse kennt seinen Besitzer und der Esel die Krippe seines Herrn; Israel aber hat keine Erkenntnis, mein Volk hat keine Einsicht." Ochs und Esel stehen sozusagen als Mahnwache gegen unsere Blindheit in der Krippenszene. Sie kennen ihren Herrn; aber sehen wir auch in diesem Menschenkind den Weltenherrn? Gott selbst wird da Mensch, und Gott wird selbst da Mensch, wo es Hornochsen, Esel und Schafsköpfe gibt und Unschuldslämmer, die nichts als Bockmist hinterlassen. Er wird selbst und gerade da Mensch, wo es Menschen gibt, die wie die Viecher behandelt werden, und andere, die sich so benehmen, daß ihre Viecherei zum Himmel schreit und stinkt. Ziemlich heruntergekommen ist dieser Gott, sozusagen auf den

Hund ist er gekommen, genauer auf den armen Hund, der da Mensch heißt. „Der Mensch ist dem Menschen ein Wolf." hatte Thomas Hobbes (1588-1679) gesagt.
Seit Gott Mensch wurde, kann der Mensch anders. Gott wird dem Menschen ein Mensch; jetzt kann auch der Mensch dem Menschen ein wirklicher Mitmensch werden. „Der Mensch ist das Maß aller Dinge." hatte der griechische Philosoph Protagoras um 450 vor Christus behauptet. Und manche glauben das in Staat, Wirtschaft und Gesellschaft bis heute. Nicht der Mensch ist, sondern der Menschgewordene ist das Maß aller Dinge, das Maß aller Menschlichkeit. An ihm muß alle Menschlichkeit Maß nehmen. Die Krippe ist ein anschauliches Kapitel christlicher Gotteslehre, ist geerdete Theologie und himmelweit geöffnete Anthropologie. Weihnachten wird Gottes Himmel menschlich geerdet, um die Erde des Menschen dem Himmel Gottes und den Himmel Gottes der Erde des Menschen nahezubringen. Weihnachten wird der Anthropologie Sehnsucht nach dem Himmel und der Theologie Liebe zur Erde eingepflanzt. Der Gott des Himmels bekundet seine Liebe zur Erde, damit der Mensch der Erde seine Liebe zum Himmel entdecke und froh damit werde.

Was sich ändert

Ich möchte vom Ende der Weihnachtszeit her einige Fragen und Probleme des neuen Jahres in den Blick nehmen. Weihnachten behauptet die Ungeheuerlichkeit: Gott wird Mensch. – Brecht hat einmal geschrieben: Sage mir nicht, was du glaubst. Sondern sage mir, was sich ändert, wenn man glaubt, was du glaubst. Was ändert sich, wenn man glaubt, was wir glauben: Gott wird Mensch?
1. „Die Würde des Menschen ist unantastbar." So heißt es im Grundgesetz. Auf die Würde des Menschen kann man mit Springerstiefeln eintrampeln und mit Baseball-Schlägern eindreschen, reportieren uns Presse und Rundfunk die Realität. Und doch: Kein Mensch und kein Staat kann dem Menschen nach eigenem Gutdünken die Men-

schenwürde erteilen oder entziehen. Er hat sie nur zu schützen. Er ist und bleibt vor Gott rechenschaftspflichtig. – Gott wird Mensch, das heißt: Gott hält es nicht für unter seiner Würde, Mensch zu werden. Dadurch erhält und behält der Mensch Würde, Menschenwürde. Unsere Menschenwürde ist eine Menschenwürde von Gottes Gnaden.

2. In seiner Allmacht sagt der Schöpfergott: „Laßt uns den Menschen machen als unser Abbild, uns ähnlich." In seiner Allmachtsphantasie sagt der Biotechnologe: Laßt uns den neuen Menschen machen als unser Abbild, uns Menschen ähnlich. Und er nimmt eine entkernte Eizelle, implantiert ihr den Kern einer ausdifferenzierten Körperzelle eines anderen Menschen und reproduziert damit jüngere Zwillinge von diesem. Und doch: Der Mensch ist einmalig, auch dann, wenn er genetisch ausgeforscht und als geklonter Doppelgänger in Serie aufgelegt wird. Mag sein Erbgut auch gänzlich identisch sein mit dem des Zellkern-Spenders, er träumt seine eigenen Träume und nimmt die Welt so wahr, wie niemand unter bald 10 Milliarden Menschen außer ihm. Er hat einen Namen und eine unverwechselbare Geschichte vor und mit seinem Gott. Ihn zum ausschlachtbaren Ersatzteillager zu machen, heißt, das Abbild Gottes zu zerstören. – Gott wird Mensch, das heißt: Er bestätigt die Gottesabbildhaftigkeit des Menschen. Weil Gott Mensch wurde, können wir menschlich werden und bleiben und so sein Abbild in der Welt sein.

3. Der Mensch ist Geheimnis, auch wenn er von High-Tech-Ohren abgehört und von High-Tech-Augen ausgespäht wird. Er ist Geheimnis, auch wenn er von einer voyeuristischen Medienindustrie, die sich nicht entblödet, niedere Instinkte zu bedienen, rund um die Uhr und bis unter's Hemd beäugt wird. Die könnten noch eine Unterwasserkamera im Klo installieren, um ja alles mitzubekommen. Der Mensch ist Geheimnis und verweist mit der Unauslotbarkeit seiner Existenz auf die Unauslotbarkeit der Existenz Gottes. Jesus Christus wurde zwischen ein paar Hirten nackt in diese Welt geboren und starb nackt von Voyeuren des Leidens schamlos belauscht und begafft. Und gerade an diesem Menschen geht dem heidnischen Hauptmann unter dem Kreuz das Geheimnis Jesu

auf, was dieser gewiß nicht als Tatoo auf der Haut plakatiert hatte: „Wahrhaftig, dieser Mensch war Gottes Sohn." Das Geheimnis menschlicher Existenz, und das gibt ihm unauslotbare Tiefe und Größe, verweist ins Geheimnis Gottes.

4. Christentum ist kein Körperkult. Luther hat den Leib des Menschen drastisch einen „alten Madensack" genannt. Und auf den läßt Gott sich ein. – Seit einiger Zeit wandert die Ausstellung „Körperwelten" nicht nur durch die Bundesrepublik. Da bekommen wir den Menschen plastiniert vorgeführt, mit abgezogener Haut, mit freipräparierten Muskeln, mit herauspräparierten Organen, in Einzelteile oder gar scheibchenweise zerlegt, ein Triumphalismus des Todes. Diese sich künstlerisch gebende Mischung aus Gruselkabinett und Anatomieausstellung zur medizinischen Schaulust bebildert auf drastische Weise, was uns auch die Hl. Schrift sagt: „Und das Wort ist Fleisch geworden." – Gott wird Mensch, heißt dann: Der Herr der Welten hat diese sterblichen menschlichen Körperwelten angenommen und sie in sein unsterbliches göttliches Leben aufgenommen. Allem Todestriumphalismus zum Trotz ist der Mensch des Todes vom Gott des Lebens angenommen. – Manche halten den Weg Jesu vom Krippen- zum Kreuzesholz für einen durchgehenden Holzweg; aber dann ist der eigene Weg von der Wiege bis zur Bahre und zum Sarg sicher auch ein Holzweg. Wer ahnt, was es heißt, in Jesus Christus wird Gott Mensch, dem wird das Brett vorm Kopf entfernt, aus dem man nichts als Wiegen, Bahren und Särge macht. Der ahnt auch, daß uns mit der Menschwerdung Gottes ein Lebensweg durch das Leben und ein Lebensweg durch den Tod eröffnet wird, der im Gott des Lebens sein endgültiges Ziel hat. Gott wird Mensch, so glauben wir und feiern wir. Was also ändert sich für den Menschen, wenn man glaubt, was wir glauben: Alles, und zwar zum Besseren!

Neujahr

Gottes-Gegenwart

Normalerweise beginnt ein Jahr mit guten Vorsätzen, aber diesmal soll es mit den „Dienstanweisungen für einen Unterteufel“ losgehen. In diesem Roman von Clive Staples Lewis (1898-1963) legt der höllische Unterstaatssekretär Screwtape seinem unerfahrenen Neffen, dem Unterteufel Warmwood, die höllischen Strategien gegen den Feind, d. h. gegen Gott, dar. Er will die Menschen von der Wahrnehmung und Gestaltung der Gegenwart ablenken und auf die Zukunft fixieren: „Furcht, Habsucht, Lust und Streberei blicken auf die Zukunft ... Wir erstreben ein ganzes Geschlecht auf der Jagd nach dem Regenbogen, nie ehrlich, gütig, glücklich in der Gegenwart, das jede wirkliche Gabe, die ihm jetzt angeboten wird, nur dazu verwendet, sie als Brennstoff auf dem Altar der Zukunft anzuhäufen ...“ Erkennen Sie unsere manchmal geradezu zukunftsgeile Zeit und Gesellschaft wieder? Der höllische Unterstaatssekretär wird noch deutlicher: „Die Menschen leben in der Zeit, der Feind aber hat sie für die Ewigkeit bestimmt. Daher möchte Er, so glaube ich, daß sie ganz besonders auf zwei Dinge ihre volle Aufmerksamkeit richten: auf die Ewigkeit selbst und auf jenen Punkt in der Zeit, den sie Gegenwart nennen. Denn die Gegenwart ist der Punkt, in dem die Ewigkeit die Zeit berührt.“ – Wie soll man sich das vorstellen „die Gegenwart ist der Punkt, in dem die Ewigkeit die Zeit berührt"? Vielleicht so: Gottes Wirken ist wie das Lot, das aus der ungeahnten Vertikale der Ewigkeit in die Horizontale unserer Lebenszeit gefällt wird, und uns in unserer Gegenwart anrührt. Oder so: Stellen Sie sich einen Fluß vor, neben dem ein Baum steht. Einer seiner Äste hängt herab, streift die bis dahin glatte, unstrukturierte Oberfläche des Flusses und zeichnet Wellenstrukturen und Turbulenzen in sie ein. Der Zukunft entspricht die nur unklar erkennbare unstrukturierte Wasserfläche im Oberlauf des Flusses. In der Gegenwart nun wird der horizontale Fluß unserer Lebenszeit berührt und aufgewühlt aus der Vertikalen von Gottes Ewigkeit. Aber erst im Nachhinein, also im Blick auf unsere nähere oder fernere Vergangenheit, sehen wir die Folgen in unserem Leben, so wie die Wellen mit ihren Amplituden, Frequenzen und Interferenzen auch erst im Unterlauf des Flusses erkennbar werden. – Aber diese Gegenwart, die strenge Gegenwart, ist in ihr selbst schier unergreifbar; denn immer heißt es: „Beim letzten Ton des Zeitzeichens war es ... Uhr.“ Und selbst die schnellste Signalgeschwindigkeit, die Lichtgeschwindigkeit mit ihren 300.000 km/sek, ist endlich und kommt also immer zu spät, um die Gegenwart in ihr selbst beim Rockzipfel zu erwischen. Mit keiner neurophysiologischen oder physikalischen Prozedur erwischen wir die Gegenwart. Sie ist wie der nur noch mathematische Trennpunkt zwischen Zukunft und Vergangenheit, in dem das Noch-Nicht in das Nicht-Mehr transformiert wird. Und zugleich ist diese für uns unerreichbare Gegenwart das Einfallstor der Ewigkeit in die Zeit. Die Mystiker sprachen vom nunc stans, vom stehenden Jetzt, das uns als ein gnadenhafter Moment zeitlos inmitten der Zeit Gottes Gnade erfahren läßt. Wir können intellektuell redlich annehmen: In der strengen Gegenwart, d. h. uns näher als wir uns selbst und darum zugleich unerreichbar, wirkt Gott in die Zeit, auch in Ihre und meine Lebenszeit hinein. – Vielleicht hat Andreas Gryphius (1616-1664) etwas davon geahnt, als er in seiner „Betrachtung der Zeit“ die Verse schrieb:

„Mein sind die Jahre nicht, die mir die Zeit genommen;
mein sind die Jahre nicht, die etwa möchten kommen.
Der Augenblick ist mein, und nehm' ich den in acht,
so ist der mein, der Jahr und Ewigkeit gemacht.“ –

Wenn Gott, der schöpferische und menschgewordene Gott uns in der strengen Gegenwart so unfaßlich nahe ist, wovor sollen wir uns fürchten? „Denn in ihm leben wir, bewegen wir uns und sind wir.“ sagt Paulus auf dem Areopag in Athen (Apg. 17,28). Und sein Zeitgenosse, der römische Philosoph und Politiker Seneca, der mit Paulus auch noch das Todesjahr teilt und mit gleicher Würde wie Paulus in den von einer Unrechtsjustiz verfügten Tod geht, formuliert es so: „Prope est a te deus, tecum est, intus est“ (ep. 41,2). „Gott ist nahe bei dir, ist mit dir, ist in dir.“ – Achten Sie also mit höllischer Akribie auf Ihre Gegenwart, in der Sie dem himmlischen Wirken so unvorstellbar nahe sind. „Denn die Gegenwart ist der Punkt, in dem die Ewigkeit die Zeit berührt.“ In Ihrer raumzeitlichen Gegenwart ereignet sich raumzeitlos ewige Gottes-Gegenwart.

Aller-Welts-Ereignis

Am Beginn des Wirkens Jesu steht ein Allerweltsereignis in der Synagoge von Nazareth. Jesus liest Jesaja: Der Geist des Herrn ruht auf mir; denn er hat mich gesalbt. Wir lesen dasselbe Wort bei Lukas (4,16-21). Für Jesus traf das mit Geist und Salbung ja vielleicht zu, aber ist Unsereiner nicht oft von allen guten Geistern verlassen? Nein: Dies Wort trifft auch für Sie und mich zu, weil wir getauft und gefirmt oder konfirmiert sind. Jesus liest also Jesaja und fühlt sich angesprochen: Er hat mich gesandt, um den Armen die Heilsbotschaft zu bringen. Wir sind auch gesandt, Armen die Heilsbotschaft zu bringen, d. h. den Armen der 3. Welt und den Armen in der Nachbarschaft. Aber die Heilsbotschaft gilt auch Kontaktarmen, seelisch Verarmten und noch manchen großkotzig reichen Armen. Auch im Zwölfzylinder fährt viel mit materiellem Reichtum getarnte Armut durch die Gegend. Jesus liest und fühlt sich angesprochen: Er hat mich gesandt, um den Gefangenen Befreiung zu verkünden. Das gilt auch uns; denn neben den Gefängnisinsassen gibt es noch viele andere Gefangene: Menschen in unserer Nähe (oder wir selbst) sind gefangen in eigenen und fremden Vorurteilen, gefangen im Alkohol, gefangen in Einsamkeit und Isolierung, gefangen in überfordernder Arbeit. Da sind solche Menschen bitter nötig, die Befreiung verkünden. Jesus liest und fühlt sich angesprochen: Er hat mich gesandt, den Blinden das Augenlicht zu verkünden. Auch das gilt uns; denn neben denen mit Blindenausweis gibt es noch andere Blinde: Menschen in unserer Nähe (oder wir selbst) sind blind vor Haß, blind vor Tränen, blind vom Blick in den Spiegel der Eitelkeit, blind vor Fernseh- und Videoprogrammen. Blinde oder Kurzsichtige gibt es reichlich. Mit Herz und Verstand sehende, weitsichtige Menschen haben wir sehr nötig. Jesus liest und fühlt sich auch da angesprochen: Er hat mich gesandt, um die Zerschlagenen in Freiheit zu setzen und ein Gnadenjahr des Herrn auszurufen. Neben den buchstäblich Zerschlagenen gibt es die von skrupellosen Kollegen und Geschäftspartnern Zerschlagenen, die durch die tägliche Knüppelei des Berufs und vom Steinschlag bröckelnder Zukunftserwartung Zerschlagenen. Wir brauchen Menschen, die diese Zerschlagenen in Freiheit setzen. Vielleicht überzeugen wir Christen weniger durch unseren Glanz, als vielmehr durch die Art, wie wir mit unserem Elend fertig werden. Der Chor der Schweiger und derer die ein Rezessionsjahr des Herrn ausrufen, ist schon zu groß. Wir brauchen die, die auch heute ein Gnadenjahr des Herrn ausrufen. Als Jesus den Text von Jesaja gelesen und begriffen hat, sagt er: Er hat mich gesandt. Heute hat sich das Schriftwort erfüllt. Einer liest in der heiligen Schrift, fühlt sich selbst betroffen und weiß sich gesandt. Das ist das Allerweltsereignis, das sich in der Synagoge am Sabbat vor ca. 2000 Jahren ereignete, ein Allerweltsereignis, das sich in aller Welt ereignen sollte. Sagen Sie sich das, wenn sie am Morgen die Haustür öffnen, wenn sie am Sonntag die Kirchentür hinter sich schließen: Er hat mich gesandt. Heute hat sich das Schriftwort erfüllt. Oder wenigstens: Heute wird sich das Schriftwort erfüllen! Junge Menschen sagen manchmal: Das kann man von mir noch nicht verlangen. – Christsein kennt kein Mindestalter! Einige erklären sich nämlich so lange für zu jung, bis sie zu alt sind. Alte Menschen sagen manchmal: Das kann man von mir nicht mehr verlangen. Dazu nur folgendes: Als der bedeutende impressionistische Maler Pierre Auguste Renoir mit knapp 60 Jahren von schwersten rheumatischen Beschwerden ergriffen wurde, hätte er den Pinsel weglegen können. Er war ein

Invalide, mußte getragen, oder im Rollstuhl gefahren werden. Aber er malte weiter. Eine Welt des Lichts und der Freude; Kinder, Frauen, lichtdurchflutete Landschaften. Gicht krümmte seine Glieder. Auch die Sonne Südfrankreichs brachte keine Linderung. Der Körper schrumpfte, die Finger wurden verknotete Spiralen, die Haut vergilbte zu dünnem Papier. Man setzte den Rest von Körper auf eine stuhlartige Winde, die zur Höhe der Staffelei heraufgeschraubt wurde, steckte in den Knäuel von Spiralen einen Pinsel. Der Pinsel tupfte auf die Leinwand. So sind die Werke seiner Reife entstanden. Auch ein Christ kann trotz Alter und Behinderung ein reifes Werk der Menschlichkeit entstehen lassen. Christsein kennt nicht nur kein Mindestalter, es kennt auch keine Pensionierungsgrenze. Und wenn sie mich nun fragen, ob jung oder alt: Wer sind die Armen, die Gefangenen, die Blinden und die Zerschlagenen, zu denen ich gesandt bin? Was soll ich tun, wo soll ich das Schriftwort in die Tat umsetzen? Das weiß nicht ich, das wissen Sie selbst. Aber das weiß ich: Wo Ihre Gaben sind, sind auch Ihre Aufgaben!

Karneval

Optimist, Pessimist, Humorist?

Es gibt Tage, da geht alles schief; da tritt man nicht nur ins Fettnäpfchen, sondern auch in den einzigen Hundehaufen auf dem Weg zu Arbeit; da trifft man traumwandlerisch sicher in dem Moment auf den Chef, wo man sich ein paar Minuten eher als planmäßig von der Arbeit wegstiehlt; da schließt das Postamt just in dem Moment, in dem man es erreicht; da reißt ein Bagger vor der Tür das Stromkabel ab, so daß die Gefriertruhe Rotz und Eiswasser heult. Am besten, so könnte man denken, wäre man im Bett geblieben. Aber auch das weiß man ja erst abends. Was kann man tun an einem solchen Tag? Man kann sich, wenn es einen selbst trifft, schwarzärgern oder, wenn es die anderen trifft, kranklachen. Man kann zum Pessimisten werden, der stets das Schlechtestmögliche erwartet oder zum Optimisten, der stets das Bestmögliche erhofft. Der Bankier Carl Fürstenberg (1850-1933) meinte allerdings: „Der Optimist und der Pessimist haben einen gemeinsamen Nenner: den Mist." Sollten wir uns also hüten vor beidem, zwischen Optimismus und Pessimismus wie zwischen Skylla und Charybdis hindurchnavigieren, um ein Realist zu werden oder zu bleiben? Oder sind wir nicht doch angewiesen auf eine Trost- und Hoffnungsperspektive? In diesem Sinne läßt Goethe seinen Egmont fragen: „Wenn uns der Morgen nicht zu neuen Freuden weckt, am Abend uns keine Lust zu hoffen übrigbleibt, ist's wohl des An- und Ausziehens wert?"

Wir brauchen etwas, auf das wir hoffen, etwas, auf das wir uns freuen können am Horizont des Tages und am Horizont des Lebens. Der Schauspieler und Bühnenautor Peter Ustinov meint: „Ein Optimist ist jemand, der genau weiß, wie traurig die Welt sein kann, während ein Pessimist täglich neu zu dieser Erkenntnis gelangt."

Ich glaube auch: Die wahren Optimisten sind nicht überzeugt, daß alles gutgehen wird. Aber sie sind überzeugt, daß nicht alles schiefgehen oder genauer, daß das Entscheidende nicht schiefgehen wird. Und in dem Sinne kann ein Christ eigentlich nur ein Optimist sein, einer der das Optimum, das heißt das denkbar Beste, das Bestmögliche erwartet. Er erwartet das Beste nicht bei jedem Haushaltsposten seines Lebens, dazu ist er zu sehr Realist. Aber er ist trotz aller persönlichen Pleiten Optimist bei der Gesamtabrechnung seines Lebens, weil jemand anderes die Bürgschaft für ihn übernommen hat. – Schwarzärgern, wenn es einen selbst, oder kranklachen, wenn es die anderen erwischt, ist nicht die Alternative, es gibt noch etwas Besseres – alles mit Humor nehmen. Aber was eigentlich ist Humor? Das etymologische Wörterbuch der deutschen Sprache belehrt mich, das Wort Humor – seit dem 16. Jahrhundert – in unserer Sprache meine soviel wie Lebenssaft. Es ist eigentlich ein lateinisches Wort und heißt übersetzt Feuchtigkeit. Seit der 1. Hälfte des 18. Jahrhunderts bedeutet es auch Sinn für Heiterkeit. Es scheint so, als müsse Humor angesichts dieser Wortherkunft feucht-fröhlich sein. Aber es gibt doch auch den westfälisch-drögen Humor, „so dröge es en Mettendken". Aber gerade der kann einem vor Lachen die Tränen in die Augen treiben, so daß es dann doch wieder feucht-fröhlich wird. Was also ist Humor? „Humor ist überwundenes Leiden an der Welt", meinte der Romanautor Jean Paul (1763-1825). Das Leiden ist damit also nicht weg, aber es ist irgendwie überwunden. „Humor ist die Einheit von Witz und Liebe", meint der englisch-indische Erzähler William Thackeray (1811-1863). Humor ist demnach Liebe mit Witz und Witz mit Liebe. Humor ist nicht auf Kosten und zulasten sondern zugunsten anderer witzig. „Humor ist der Milchbruder des Glaubens", meint der Religionsphilosoph Martin Buber (1878-1965). Damit will er zum Ausdruck bringen, daß Humor und Glaube miteinander an den Brüsten derselben Amme liegen, daß sie nur zwei verschiedene Zapfstellen derselben nährenden wohltemperierten Quelle benutzen. Sie mögen zwar manchmal gegeneinander strampeln, aber sie beziehen doch aus derselben Quelle die Kraft zur Bejahung und zur Bewältigung des Lebens. Und wenn Sie sich dann selber mit Humor und

Glauben fühlen mögen wie ein satter Säugling, der mit wohltuendem Bäuerchen, um nicht andere Entlüftungsmechanismen zu benennen, seinem Wohlbehagen Luft macht, dann haben Sie zugleich eine kleine Revolution auf den Weg gebracht. Dann haben Sie nämlich dem manchmal so arg männlich gedachten Gott die weiblichen Eigenschaften zurückerstattet, die ihm das Alte Testament schon an vielen Stellen zugedacht hatte. So darf ich wohl schließen mit einem dreifachen „Zum Wohle!“ Auf den Humor, auf den Glauben und auf die Quelle, aus der beide trinken, Gott sei Dank und Dank sei Gott.

Fastenzeit

Nicht gegönnt

Der kleinste und zierlichste aller Wildhunde ist der Fennek oder Wüstenfuchs. Er lebt in den nordafrikanischen und südwestasiatischen Wüsten. Sein Fell ist gelblich und seine Ohren sind auffällig groß. Tagsüber während der größten Hitze lebt er in Höhlensystemen unter der Erde. Aber nachts geht er auf Nahrungssuche. Nur 35 bis 40 cm lang wird er und wiegt meist nur 1,5 Kilo. Aber auch von diesem Winzling kann man einiges lernen. Gelegentlich frißt er Eidechsen oder Vögel. Seine Hauptnahrung besteht aber aus Weichtieren, z. B. Schnecken, und vor allem aus Insekten. Die sammelt der Fennek von den weit verstreut stehenden Dornensträuchern. Gewiß könnte er alle Insekten von 5 oder 10 Dornensträuchern fressen und wäre dann satt. Aber an diesen Sträuchern gäbe es dann keine Insekten mehr, die sich weitervermehren könnten. Stattdessen sucht er in einer Nacht wohl hundert Sträucher auf und frißt dort jeweils nur einige wenige Insekten. Sein Motto ist offenbar nicht: „Ich will alles, und zwar sofort!" Er legt also weite Wege zurück, schont damit aber seine nachwachsenden Nahrungsreserven. Durch dieses Verhalten sichert er sein Überleben auf lange Sicht. Vom Wüstenfuchs können wir in der Fastenzeit lernen: Weniger ist mehr! Ich möchte das kurz an vier Beispielen illustrieren:

1. Das Essen: Ein plattdeutsches Sprichwort sagt: „Eaten un Drinken haölt Liev und Siäl beneen." Das ist wohl richtig. Aber Essen und Trinken bringen Leib und Seele auch auseinander. Die absolute Mehrheit in unserem Land haben nicht die Schwarzen, die Roten, die Gelben oder die Grünen, sondern laut Statistik die Dicken. Der gefährlichste Killer in unserem Land wartet in den Süßwaren- und Feinkostabteilungen der Läden. Er killt völlig unspektakulär durch übergewichtsbedingte Herz-Kreislauf-Erkrankungen. Wer den gründlich bewiesenen Zusammenhang

von verkürzter Lebenserwartung und Übergewicht nicht wahrhaben will und immer den dicken Onkel, der 2 1/2 Zentner wog, rauchte und 90 Jahre alt wurde, hervorkramt, streut sich und anderen Sand in die Augen. Ich wollte nicht behaupten, daß dünnere zugleich bessere Menschen seien; dazu kenne ich mich selbst zu gut. Nur ermutigen wollte ich Sie, wenn Sie das Gefühl haben, da muß was runter. Leute, die richtig abgespeckt haben, sagen, daß sie die Welt mit anderen Augen sehen und daß sie vieles, nicht zuletzt sich selbst, leichter nehmen.

2. Der Alkohol: Ein Schulkollege, der die schöne Gewohnheit angenommen hatte, sich so Abend für Abend ein lauschiges Fläschchen Wein einzuträufeln, erzählte mir vor einiger Zeit, er sei sich unsicher gewesen, ob er den allabendlichen Wein nicht doch schon brauche. Sechs Wochen auf Alkohol zu verzichten, während der Fastenaktion, war für ihn die Gelegenheit, sich seine Freiheit und Unabhängigkeit selbst zu beweisen. Es genügt nicht, zu behaupten, man sei nicht abhängig vom Alkohol; das tun auch alle Alkoholiker; man muß es sich auch selbst beweisen. Es ist ein gutes Gefühl, festzustellen: Ich bin wirklich Herr meiner selbst. Sollten Sie bei diesem Selbsttest feststellen, es geht nicht mehr ohne, dann könnte diese Fastenzeit der Startschuß sein, endlich mit einer Therapie zu beginnen: Dem Alkohol Lebewohl sagen, bevor es der Leber sterbensunwohl wird.

3. Das Rauchen: Vor längerer Zeit fand ich in einer großen deutschen Wochenzeitung einen von einer Frau verfaßten Artikel: „Zu Tode emanzipiert“. Sie wies darauf hin, daß die Zahl der rauchenden Männer von über 50 % auf jetzt 35 % zurückgegangen sei, während im gleichen Zeitraum die Zahl der rauchenden Frauen von 10 % auf über 30 % gestiegen sei. Warum machen Frauen den lebensgefährlichen Unsinn der Männer nach und mit? Welchen Sinn sollte es haben, dem menschenmordenden Moloch Krebs Monat für Monat kostspielige Rauchopfer darzubringen. Wäre es nicht ein guter Anlaß, in der Fastenzeit ein für allemal den blauen Dunst auszuhauchen? Übrigens steht auch in der Bibel, daß der Herr an Rauchopfern kein Wohlgefallen hat.

4. Der Medienkonsum: Auch in dieser Hinsicht kann Fasten sehr sinnvoll sein. Wieviel Stunden pro Woche sprechen wir miteinander in der Ehe, Familie, Beziehung? Und wieviel Stunden lassen wir uns bereden, berieseln, bequatschen, bedudeln von Radio, Fernseher und Videogerät, schauen aneinander vorbei statt einander an. 168 Stunden hat die Woche, wieviel widmen wir der medialen Hirnwäsche, wieviel dem Gespräch miteinander und mit Gott? – Vielleicht sind Sie jetzt sauer auf mich und denken: Dieser alte Miesepeter gönnt uns das nicht. Sie haben recht: Ich gönne ihnen das nicht, weder den Lungenkrebs, noch das Raucherbein, noch den Herzinfarkt, noch das Kommunikationssiechtum. Weniger ist eben mehr!

Initiative Menschlichkeit

Während der Aufbaustudien war ich einige Jahre lang Seelsorger in einem kleinen Dorf 12 km nördlich von Münster. Von dort fuhr ich sicher einige hundert Mal mit dem Rad zur Uni nach Münster, vorbei am Vogelreservat aber auch an den Kläranlagen und der Müllkippe Münsters. Vor kurzem nun hatte ich in Münster zu tun und radelte abends nochmals die Strecke in mein Dörfchen. Eingermaßen fassungslos war ich allerdings, als ich einen riesigen neuen Müllberg von pyramidalen Ausmaßen entdeckte, der in wenigen Jahren hier aufgeschüttet wurde. Was hier bei uns mit dem Mäntelchen der Begrünung als ein Naherholungsgebiet getarnt wird, ist andernorts Lebensgrundlage für Tausende von Menschen. Vor den Toren der großen brasilianischen Metropolen sah ich zahllose Menschen wie die Ameisen auf dem Ameisenhaufen über teils brennende Müllkippen streifen und verwertbares suchen. Vor den Toren Manilas, der philippinischen 12-Millionen-Metropole leben 45.000 Menschen vom Müllberg. Scavenger, Aasgeier, werden sie genannt, weil sie Papier, Glas, Dosen, Plastik etc. sammeln, um damit den Hungerlohn zum Überleben zu verdienen. Die Banken sind auf den Philippinen oder in Brasilien nicht weniger ar-

rogant als bei uns und halten diese Hungerleider nicht für bankfähig, geschweige denn für kreditwürdig. 7.000 dieser Aasgeier haben sich durch einen Pater inspiriert zu 680 Kleinsparergruppen zusammengeschlossen und ca. 1 Million DM zusammengespart. Die Kleinsparer ermöglichen jedem Teilnehmer einen Kredit in doppelter Höhe seiner Einlagen. Davon kann er sich einen Gebrauchtwagen leisten und ein Taxigeschäft eröffnen, oder ein standardisiertes Billighaus für weniger als 3.000 DM bauen, um seine Familie unterzubringen, oder eine Nähmaschine und Stoffe anschaffen, um sich als Schneiderin selbständig zu machen etc. Die Sozialkontrolle der Kleingruppe erreicht eine fast hundertprozentige Rückzahlung der Kredite. Und das kirchliche Hilfswerk Misereor fördert zuverlässig und punktgenau mit 95 Pfennig jeder Mark diese Initiative, die Menschen aus dem Gestank und Schatten der Müllberge zu Licht und Luft eines menschenwürdigeren Lebens begleitet. Aus handaufhaltenden hilfsbedürftigen werden handwerkelnde selbsthilfefähige Menschen. Eine Bank, die Hungerleider für nicht bankfähig erklärt, ist selber nicht kreditwürdig. Was kann man tun? Wenn Sie auch selbst von Ihren eigenen Zinsen nicht leben können, so können Sie doch andere mit Ihren Zinsen leben lassen. Man kann sein Geld beim Misereor-Entwicklungssparen anlegen, wo es einem nicht verlorengeht, sondern Zinsen für eine gerechtere Welt trägt, Menschlichkeit mit Zins, Zinseszins und Spendenquittung.
Die deutschen Franziskaner im Nordosten Brasiliens haben neben zahlreichen Schul- und Ausbildungsprojekten auch das Projekt „Ein Dach überm Kopf" aufgelegt. Es finanziert das Material für ein Eigenheim im Eigenbau auf Muskelhypothekbasis und die Qualitätssicherung und -kontrolle durch einen versierten Maurer. Hier wird Menschen, die arbeiten wollen, der Umzug aus den Pappkartonkisten und Wellblechbuden der Slums in ein festes Steinhaus mit Ziegeldach ermöglicht. Es ist ca. 60 m^2 groß, besitzt Küche, Wohnraum und zwei Schlafzimmer für Hängematten und kostet ganze 2.540 DM. Und die Ziegel werden noch in kleinen kooperativen Familienbetrieben gefertigt, die damit wirtschaftlich Auftrieb erhalten.

Dem eigenen Auto hier ein Dach überm Dach zu verschaffen, ist teurer als dort einer sechsköpfigen Familie ein Dach überm Kopf. Und Köpfe nicht erst im halben Dutzend sind allemal schützenswürdiger als einzelne Autodächer. Menschenwürdige Wohnungen sind Wellenbrecher in der Flut psychosozialer und sozioökonomischer Verelendung. Vielleicht animieren Sie Ihren Kegelklub, ausnahmsweise keinen Kegelausflug zu finanzieren, sondern mit dem Geld, das Sie in die Gossen gespielt haben, Menschen aus den Gossen zu holen. Wenn Sie das Geld aus den Pumpen spenden, müssen andere nicht mehr aus den Spenden pumpen.
Nur neun Monate Zeit brauchte Gott, um aus einer menschlichen Verheißung den verheißenen Menschen mit Hirn, Herz und Hand zur Welt kommen zu lassen. Und Gottes Menschlichkeit sagt mir: Durch die wirksame persönliche Menschlichkeit kann die wirkliche menschliche Persönlichkeit geboren werden, auch in Ihnen und mir.

Menschliches Erbarmen gegen erbärmliches Menschsein

Wissen Sie, was Schizophrenie ist? Natürlich, werden Sie sagen, das meint Spaltungsirresein. Schizophrenie zeigt sich an unzusammenhängendem Denken, Kontaktverlust, Wahnvorstellungen und Persönlichkeitsspaltung. Eine ins Bild gesetzte mehr optische Schizophrenie findet sich auf den Plakaten von Misereor. Per Computergraphik hat man hier das Gesicht einer hübschen jungen Frau aus zwei verschiedenen Bildhälften zusammengesetzt. Ihre rechte Gesichtshälfte ist afrikanisch, ihre linke europäisch geprägt. Paßgenau und doch in der Mittelachse gespalten sitzen die Gesichtshälften aneinander, ein Bild für unsere gespaltene Welt. – Schizophrenien anderer Art finden sich im Bereich der Wirtschaft: Da hat die Firma Adidas-Salomon einen Umsatz von knapp 10 Mrd DM und ist nach Nike weltweit zweitgrößter Anbieter von Sportartikeln, Sportschuhen, Sport- und Freizeitbekleidung. Adidas gibt 1,3 Mrd. DM nur für Werbung und Marketing aus. Nichts wird mehr selbst hergestellt, alles wird in Billiglohnländern durch Hunderte von Zuliefererbetrieben gefertigt. Und mögen an den Füßen der mit ihnen kickenden Millionäre die Fußballschuhe auch Championsleague- oder Bundesliga-Niveau haben, die Sozialstandards in der Fertigung haben allenfalls Kreisliga-Niveau. Adidas ist nicht bereit, in den Herstellerländern soziale Mindeststandards einzufordern und zu kontrollieren, wohl aber mit 20 Millionen DM jährlich allein den FC Bayern zu sponsern. Das ist alles sehr schlüssig – wenn man an dieser besonderen Form von Schizophrenie leidet. Die weltweit größte Sportartikelfirma Nike könnte mit 3,5 % ihres Werbeetats die Löhne aller ArbeiterInnen, die in China und Indonesien Nike-Schuhe herstellen, verdoppeln. Sie tut es – auch eine Schizophrenie? – leider nicht, obwohl Menschlichkeit einen größeren Werbeeffekt haben könnte. Vielleicht sollte man Stiefel, die Spuren solcher Menschenverachtung hinterlassen, nicht mehr schnüren, sondern am Nagel im Geschäft hängenlassen. – Viele Jugendliche leben nach dem Motto: „Fit for Fun“. Die Misereor-BDKJ-Jugendaktion 2000 hatte ein weit besseres Motto: „Fit for Fair – Ich glaub' mich drückt der Schuh!“ Die Jugendlichen haben bereits gekaufte Markensportartikel von Nike und Adidas wieder eingepackt und an die jeweilige Firma zurückgeschickt mit dem Vermerk: „Rückgabe aufgrund des Markenfehlers 'Arbeitsrechtsverletzung'.“ Zwei Sportartikelfirmen sind hier genannt; es wären noch Dutzende anderer Firmen und Branchen zu nennen. – Die Misereor-Aktion wurde in der Frankfurter Paulskirche eröffnet, die trotz ihrer kathedralen Größe noch weit im Schatten der umgebenden Großbanken mit ihren ultra-kathedralen Türmen steht. Ein Globalisierungsphallus in Geldrollen-Erektion protzt neben dem anderen. Und was Misereor als das weltweit größte private Hilfswerk bestenfalls zusammenbekommt, befindet sich noch immer im Bereich dessen, was ein Großbanker vor Jahren, als die Summe auf der Verlustseite auftauchte, als „Peanuts“ bezeichnet hat. Ist das nicht schizophren? – Der weltweite Wohlstand sei in den letzten 50 Jahren um das Siebenfache gewachsen, meinte der Bundestagspräsident Wolfgang Thierse. Der Einkommensunterschied zwischen den reichsten und den ärmsten Ländern sei aber leider auch gewachsen von 30 : 1 auf 74 : 1. Schizophrenien, wohin man schaut! Der Limburger Bischof Franz Kamphaus stellt fest, daß wir nahezu mit Lichtgeschwindigkeit in Sekundenbruchteilen Milliarden Dollar über den Globus schieben können, wenn es um Profit geht und daß wir von wanderdünenartiger Lahmarschigkeit (er sagt es nur unwesentlich vornehmer) sind bei Finanztransaktionen in Sachen Solidarität. „In der ökonomischen Globalisierung sind wir Riesen, in der Globalisierung der Solidarität sind wir Zwerge." – Es wird höchste Zeit, daß wir zwischen Riesen- und Zwergwuchs endlich das rechte menschliche Maß und das Maß rechter Menschlichkeit wiederfinden. Schizophrenien produzieren menschenunwürdige erste, zweite und dritte Welten, der gesunde Menschenverstand denkt an die eine menschliche Welt. Wo die Auswüchse und Schizophrenien in Sachen Menschlichkeit zum Gotterbarmen sind, da ist Misereor die richtige Therapie. Misereor heißt übersetzt: Ich erbarme mich. Und dieses menschliche Erbarmen ist seit jeher die richtige Therapie gegen erbarmungswürdiges und erbärmliches Menschsein.

Leben aus Passion

Am Palmsonntag wird nach kirchlichem Kalender erstmals die Passionsgeschichte Jesu vorgelesen, am Karfreitag dann nochmals. Die Passionszeit hat damit begonnen und macht zumindest uns Christen unmißverständlich deutlich, daß die Lebenszeit eines Menschen auch Passionszeit, also Leidenszeit ist. Ich höre schon die Propheten des „Lebenslänglich lustvoll leben": Das ist die christliche Leidensverliebtheit, der christlich verbrämte Masochismus. – Der in Ehren ergraute Chefarzt eines katholischen Krankenhauses erzählte mir vor einiger Zeit, daß manche Nonnen unter seinen Patientinnen auch bei schweren Erkrankungen die Schmerzmittel nicht genommen hätten, als Akt der Solidarisierung mit dem leidenden Christus und den vielen Leidenden auf dieser Welt, die weder Arzt noch Schmerzmittel hätten. Er hat ihnen trotz Ordensschleier gründlich den Kopf gewaschen. – Nein, es ist nicht christlich, das abschaffbare Leid nicht abzuschaffen; es ist nicht christlich, das linderbare Leid nicht zu lindern. Und man darf Abschaffung oder Linderung von Leid nicht nur für andere wünschen, sondern auch für sich selber dankbar annehmen. Aber ist das heute noch unser Problem? Sind wir nicht im Gegenteil eine merkwürdig leidensflüchtige und leidensunfähige Konsum- und Spaßgesellschaft? – Bei uns geschieht es, daß jährlich mehr als 200.000 Kinder im Mutterleib getötet werden, weil es angeblich mit unzumutbarem Leid verbunden wäre, sie zur Welt zu bringen und großzuziehen. Und im gleichen Atemzug beklagen wir es als Leid, daß nicht genügend junge Menschen da sind, die unserer vergreisenden Gesellschaft die Renten, die Alters- und die Krankenpflege zahlen. Da werden bereits in einigen Ländern Europas und in den USA – therapeutisch wie es heuchlerisch heißt – Embryonen geklont, also genetisch gesehen vollständige Menschen einer verbrauchenden Forschung geopfert. Pointiert könnte man sagen: Die neue Generation wird als Therapeutikum für die alte Generation geopfert, Lebenserhaltung derer, die gehen müssen, durch Lebensverhinderung derer, die kommen sollten? Das Altwerden und Sterben wird nicht als zum Leben gehörig angenommen. – Wir können nicht die Lebenshingabe anderer zu unserer eigenen Lebensverlängerung verfügen. Wir können nur die eigene Lebenshingabe verfügen zugunsten anderer. Das zeigt auch der Blick in die Passionsgeschichte Jesu. Jesu gibt sich – und nicht andere für sich – hin. Und er tut es nicht mit einem leid- und schmerzlos wirkenden Heroismus, er hat wie wir Angst vor Leid, Schmerz und Tod. Wie also sollen wir umgehen mit Leid und Schmerz? Adalbert Stifter (1805-1868), der österreichische Maler und Dichter hat gemeint: „Der Schmerz ist ein heiliger Engel, und durch ihn sind Menschen größer geworden als durch alle Freuden der Welt." Ein Engel, vom Lateinischen Angelus, ist ein Bote Gottes. Leid und Schmerz als

Bote Gottes? Ganz anders hat es der Dichter und Aphoristiker Christian Morgenstern (1871-1914) gesehen: „Das ist meine allerschlimmste Erfahrung: Der Schmerz macht die meisten Menschen nicht groß, sondern klein.“ – Was stimmt denn nun? Machen Leid und Schmerz uns kleiner oder größer? Ich glaube, Leid und Schmerz ohne Hoffnung, ohne Trost, ohne Sinn erleiden zu müssen, macht Menschen eher klein. Und manchmal sind auch wir Christen als gäbe es keine Hoffnung und keinen Sinn, als gäbe es keinen Trost und keinen Tröster, als gäbe es kein Heil und keinen Heiland. Dann machen uns Leid und Schmerz klein. Aber dann wieder zeigt mir der Blick in die Passionsgeschichte Jesu und vieler Christen, zu welcher Größe sie angesichts abgrundtiefen Leids fähig sind. Das ist eine Größe, die uns aus dem Vertrauen auf den Gott des Lebens zuwächst. – Der Parole „Lebenslang lustvoll leben“ fehlt nur noch ein L, das für Lüge. Das abschaffbare oder linderbare Leid lindern oder abschaffen? Ja, um Gottes willen. Aber alles Leid für abschaffbar erklären, das kann man nur in drei Teufels Namen, das ist eine verlogene Allmachtsphantasie. Der Blick in die Passionsgeschichte zeigt mir den konsequenten Realitätswillen des christlichen Glaubens und verbietet alle glückssüchtige Weltverklärung. Ich weiß um das von Jesus in Sterbensnot hinausgeschriene „Mein Gott, mein Gott, warum hast du mich verlassen“ (Mt 27,46). Aber ich weiß auch, daß dieses Wort aus dem Psalm 22,2 stammt und also ein großartiges Gebet der Hoffnung ist. Mit diesem armseligen endlichen Leben ist er am Ende, mit der Hoffnung aber an einem neuen Anfang, am Anfang des unendlichen Lebens Gottes. Wir können leben und andere leben lassen, ja sogar das eigene Leben lassen, weil uns einer Leben zusagt, leben und aufleben läßt über das tödliche Ende und den endlichen Tod hinaus.

Ostern

Hoffnung vom Ende bis zum Anfang

Wir feiern Ostern, wie immer am Sonntag nach dem ersten Frühlingsvollmond. Es mag sein, daß Ihnen nicht gerade nach Frühling, Auferstehung und neuem Leben zumute ist. Hat nicht der Tod die überzeugenderen Argumente, geradezu Totschlagsargumente gegen jede Hoffnung? – Vor dem Bundesliga-Abstieg der ehemals zur europäischen Spitze zählenden Fußballmannschaft von Borussia Mönchengladbach schwenkten die Fans Transparente mit der Aufschrift: Die Hoffnung stirbt zuletzt, der Stolz nie! Bleibt nur ein halsstarrig-uneinsichtiger Stolz nach dem Untergang der Hoffnung zurück, ein penetranter Selbstbehauptungsversuch mit Realitätsverlust? In bezug auf den Fußball könnte man die Frage auf sich beruhen lassen, aber wenn's um unser Leben geht? Die Römer meinten: Dum spiro spero. Solange ich atme, hoffe ich. Stirbt die Hoffnung beim letzten Atemzug? – Während meines Studiums war ich einige Male als Hilfsarbeiter im Straßenbau tätig. Da sah ich oft, daß sich wenige Tage nach dem Ausbringen des Schotterbetts kleine Pflänzchen der Hoffnung zwischen den Steinen hervorwagten. Aber bei der Verdichtung des Schotters wurden sie dann mit der Rüttelplatte und der Walze des Todes gründlichst zerdrückt und zerrieben. Anschließend wurden sie noch mit dem schwarzen, zähen, heißen Asphalt verbrannt, von Licht und Wasser abgeschlossen und wie unter der Todesschicht des Vergessens begraben. Und doch habe ich auf den Straßen meines Lebens schon an tausend und mehr Stellen Pflänzchen gesehen, die mit der scheinbar kümmerlichen Kraft ihres Lebens die gewaltige Grabplatte der Asphaltdecke aufgesprengt hatten und hoffnungsvoll dem Licht entgegenwuchsen. – Aber die Hoffnung ist nicht etwas, das man, der hoffentlich schönen Dinge harrend, untätig genießen kann. Die Hoffnung schafft, wenn und indem sie geschieht, eine neue Realität. Sie bricht aus dem Konzentrationslager umnachteter Verzweiflung aus. Die Hoffnung sieht, daß und wie das Leben zugrunde, zu Grabesgrunde geht. Und doch hält sie mit belebender Gewißheit fest, daß hier eigentlich das Leben dem Tod auf den Grund geht. – Als der sagenhafte Trojanische Krieg schon ein Jahrzehnt gewährt hatte und beide Seiten am Ende ihrer Kräfte waren, zogen schließlich die belagernden Griechen mit ihren Schiffen ab. Zurück blieb vor den Toren Trojas das riesige hölzerne Pferd. Die siegessicheren Trojaner zogen das Pferd als Weihegeschenk an die Göttin Athene in ihre Stadt und feierten den Sieg. Aber in der Nacht entstiegen dem hölzernen Pferd die besten Kämpfer der Griechen, riefen durch Feuerzeichen die Flotte aus Tenedos zurück und öffneten den Ankommenden die Stadttore. So wurde Troja eingenommen und sein höchster Triumph zum tiefsten Desaster. – Christen haben diese vorchristliche Sage christlich gedeutet. Die Hoffnung ist wie das Trojanische Pferd ganz und gar eingeschlossen im Reich des Todes. Sie wird scheinbar mit dem letzten Atemzug im Tod ausgehaucht. Aber wo der Tod die Hoffnung vereinnahmt, da hat er sich verausgabt. Was ihm den Triumph gebracht hat, hat ihn um den Triumph gebracht. Wo er auf der Höhe zu sein meint, da ist er am Ende. Da entsteigt dem Trojanischen Pferd der Hoffnung mitten in der Festung des Todes der, der das Leben ist. Und mit dem Licht des Ostermorgens läßt der Auferstandene das Signal für den endgültigen Sieg über den Tod aufleuchten. Er öffnet das Tor und die uneinnehmbare Festung des Todes wird geschleift. – Als meine Mutter gestorben war und wir uns alle von ihr verabschiedet hatten, da erwiesen sich Wohnungstür und Flur als zu eng für den Sarg. Und so trugen mein Bruder und ich, wie es viele Menschen vor uns auch gemacht haben, unsere Mutter auf den Armen hinaus aus der Enge ihres Lebenshauses. Die, die uns guter Hoffnung leiblich hineingetragen hat in dieses Leben, durften wir guter Hoffnung hinaustragen. Oder genauer sollte ich sagen: Wir trugen das, was von ihr übrig war, ihren altgewordenen Leib, dahin, wohin er gehört, zum Sarg, zur Erde, zur Materie mit ihrer raumzeitlichen Enge und Endlichkeit. In uns war Dankbarkeit für diesen Menschen und sein im Tode endgültig gewordenes Leben. Zugleich aber war die tiefe Hoffnung, daß sie in dem, was die Chiffre Seele bezeichnet, hinausgefunden hat aus aller raumzeitlichen Enge und Endlichkeit in die raumzeitlose Unendlichkeit Gottes. Und zugleich war da die Hoffnung, daß einem jeden Menschen im Untergang des Endlichen der Aufgang des Unendlichen, im Untergang des Zeitlichen der Aufgang des Ewigen und im Tod des Geschöpfes das Leben seines Schöpfers geschenkt werde.

Logik des Herzens

„Ich glaube nicht an Gott / An keinen allmächtigen Vater / ich kenne ihn nicht / Den Schöpfer / Des Himmels / Und der Erde / Ich weiß von Jesus Christus / Der geboren ist / Aber nicht empfangen / Vom heiligen Geiste / Der gelitten hat / Unter Pontius Pilatus / Gekreuzigt / Gestorben / Und begraben / Die Hülle ist überall / Es gibt keine Auferstehung / Niemand sitzet / Zur Rechten – / Die Lebenden/ Richten sich selber / Die Toten / Bleiben / In der Schuld.“

Mit diesem Text hat die Bochumer Schriftstellerin Lotte Keller (geb. 1921) das Glaubensbekenntnis zum Unglaubensbekenntnis pervertiert. – Aber liegen der Glaube und der Unglaube nicht so dicht bei einander, daß man vom Glaubens- leicht ins Unglaubensbekenntnis geraten kann? – Ostermontag ist der Tag des Zweifelns und Glaubens, der Tag der Emmaus-Jünger. Diese haben ihre ganze Hoffnung auf Jesus gesetzt und mit ihm auch all ihre Hoffnung zu Grabe getragen; denn der ist todsicher tot. Nur dieser Satz stimmt im Glaubens- wie im Unglaubensbekenntnis überein: „Gelitten unter Pontius Pilatus, gekreuzigt, gestorben und begraben ...“ Die Emmaus-Jünger ziehen daraus die Konsequenzen, wenden sich ab von Jerusalem und gehen resigniert und traurig zurück in dieses abseitige Dorf, obwohl sie die Nachricht vom leeren Grab nachdrücklich gehört haben. Der Gedanke an Auferstehung ist für sie völlig absurd. Aber ein Rest an Irritation, ein Rest an Mißtrauen gegen das Monopol des Todes ist geblieben, der sie wenigstens im Gespräch hält. Uns geht es ähnlich wie den Emmaus-Jüngern: Der Rückzug in den banalen Alltag mit seinen Allerweltsproblemen erscheint vielen Menschen damals wie heute als der einzige Ausweg, wenn Hoffnung und Sehnsucht sich nicht erfüllen. Doch auf dem Weg der Ratlosigkeit, Resignation und Traurigkeit begegnen sie Jesus. „Doch sie waren wie mit Blindheit geschlagen, so daß sie ihn nicht erkannten" (Lk 24,16). Nicht anders als die Emmaus-Jünger sind wir auch oft mit Blindheit geschlagen. Sie erfahren ihn aber als einen, der sich ihnen zugesellt und zuhört, der mitredet und mitgeht auf dem Weg im abendlichen Zwielicht zwischen Hoffnung und Resignation. Und genau das dürfen wir in unserer Ratlosigkeit, Resignation und Traurigkeit auch erwarten. Und wenn uns alles zappenduster erscheint, sollten wir ihre schlichten und herzlichen Worte wiederholen: „Herr, bleibe bei uns; denn es wird bald Abend, der Tag hat sich schon geneigt" (Lk 24,29). Nicht nur an den Abend des Tages, sondern auch an den Abend unseres Lebens und den Abend der Welt ist dabei zu denken. Es ist gut, zu wissen, daß Christus unsere Dunkelheit und Umnachtung, auch die der Verzweiflung und des Todes aushält und ausleuchtet. – „Und als er mit ihnen bei Tisch war, nahm er das Brot, sprach den Lobpreis, brach das Brot und gab es ihnen. Da gingen ihnen die Augen auf, und sie erkannten ihn" (Lk 24,30). Der so fremd-vertraute Christus öffnet ihnen durch sein Wort und das Brechen des Brotes die Augen für Auferstehung und neues Leben. In seinem Wort und in seinem Sakrament ist er heute wie damals gegenwärtig. Wir können uns auch heute von ihm die Augen öffnen und Hoffnung schenken lassen für das Leben über den Tod hinaus. Übrigens, nicht nur Christus wird am Brotbrechen erkannt, auch wir Christen. Nicht das Horten von Brot, sondern das Brechen von Brot, das Brechen des täglichen wie des eucharistischen Brotes macht uns als Christen kenntlich. – „Brannte uns nicht das Herz in der Brust, als er unterwegs mit uns redete und uns den Sinn der Schrift erschloß?" (Lk 24,32). Ich bin gewiß geneigt, allen Menschen zu empfehlen, in kritischen Lebenssituationen zuerst mit ihrem Hirn zu Rate zu gehen. Denn man kann das Denken gar nicht weit genug treiben. Aber je älter ich werde, desto mehr scheint mir, daß neben dem Hirn auch das Herz zu Rate gezogen werden muß. Es gibt eine Logik des Hirns und eine des Herzens; und ungestraft kommt man bei Mißachtung des einen wie des anderen nicht davon. Hören Sie also in Glaubensdingen auch auf Ihr Herz. – „Noch in derselben Stunde brachen Sie auf und kehrten nach Jerusalem zurück, sie fanden die Elf und die anderen Jünger versammelt. Diese sagten: Der Herr ist wirklich auferstanden. Da erzählten auch sie ..." (Lk 24,33). Die Ostererfahrung kann Menschen umdrehen, kann ihnen Beine machen, kann sie beflügeln. Die Ostererfahrung kann Menschen befähigen, den Weg durch die Nacht zurückzugehen mit der Ahnung von einem, mit der Hoffnung auf einen Tag ohne Abend. Eine solche lichte Erfahrung in der Nacht, eine solche nächtliche Erfahrung vom Licht – eine solche Ostererfahrung in der Tiefe und eine solch tiefe Ostererfahrung wünsche ich Ihnen und mir von Herzen.

Nicht ganz bei Troste?

An Ostern feiern wir Christen unser wichtigstes Fest: Auferstehung. Wir nehmen 40 Tage, nämlich die ganze vorbereitende Fastenzeit lang Anlauf. Und wir feiern es mehr oder weniger intensiv 50 Tage lang bis Pfingsten, dem Ende der Osterzeit. Mit anderen Worten: 90 von 365 Tagen, also ein Vierteljahr lang, pflegen wir vor- oder nachbereitend die Auferstehungshoffnung. Und doch wissen wir nur zu gut, was schon Marc Aurel (121-180), der Philosoph auf dem römischen Kaiserthron, schrieb: „Bald – und du hast alles vergessen. Bald – und alles hat dich vergessen." Nicht wenige Zeitgenossen nehmen Ostern als ein Frühlingsfest, verstecken und verspeisen Eier und Osterhasen als Frühlingssymbole, aber mit Auferstehung hat das nichts zu tun. – Was aber läßt mich auf Auferstehung hoffen? Ein leeres Grab allein kann nicht der Grund unserer Hoffnung sein. Vielleicht können wir einen Indizienbeweis gegen die Hoffnungslosigkeit führen.

1. Es ist doch noch keiner wiedergekommen, sagen die Zweifler. Spricht das gegen Auferstehung? Nein; denn in dieses Leben zurückzugehen, sich nur einen Nachschlag an Endlichkeit in den Henkelmann dieses Lebens geben lassen, das ist nicht der Sinn von Auferstehung. Auferstehung führt uns aus der Endlichkeit von Raum und Zeit hinaus. – In dieses Leben zurückgekommen sind aber schon Tausende von Reanimierten. Nicht wenige von ihnen sprechen über unvergleichliche Erfahrungen und Dimensionen im Sterbevorgang; das allerdings macht mich zumindest hellhörig und nachdenklich.

2. Leid, Not und Tod sind doch die endgültigen Weltmächte. Was reden wir da von Ostern, von Freude, Fülle und Leben? Vielleicht darf ich auf das Symbol der Osterkerze verweisen. Sie ist nur ein winziges Hoffnungslicht in dem umfassenden Dunkel des Todes. Aber immerhin leuchtet sie die finstere Leere aus, schafft einen Lichtraum der Hoffnung. Die Osterkerze trägt die Wundmale Jesu, d. h. Auferstehung wird nicht am Karfreitag vorbei gefeiert, sondern nach dem Durchgang durch ihn. Daß der Gedanke an Auferstehung nicht das Leid hinweglügt, macht ihn mir glaubwürdiger. Der französische Schriftsteller Léon Bloy (1846-1917) hat die Erfahrung von Leid, Not und Tod besonders ernst genommen und deswegen provozierend formuliert: „Die einzige Entschuldigung für dieses Leben ist die Auferstehung."

3. Oft hört man: Beim Auferstehungsglauben ist doch nur der Wunsch der Vater des Gedankens. Na und? – Wenn Sie nach dem Partner fürs Leben suchen, ist auch der Wunsch der Vater des Gedankens. Und ohne den Wunsch würden Sie vielleicht nicht suchen. Der Wunsch garantiert Ihnen nicht, daß es diesen Menschen gibt, aber er läßt Sie suchen und wird damit zur Voraussetzung fürs Finden. Und wenn Sie diesen Partner für das ganze Leben gefunden haben, werden Sie sich nicht einreden lassen, es könne ihn nicht geben, weil ja nur der Wunsch der Vater des Gedankens gewesen sei. Die Sehnsucht wurde zur

Realität entbunden. Und woher kommt die Sehnsucht nach Leben, die wir alle in uns tragen? Ist sie in uns hineingelegt, vom Gott des Lebens?

4. Wenn es eine Ewigkeit gäbe, sagen einige Zweifler, dann hätten wir armseligen Eintagsfliegen der Zeit in ihr nichts verloren und nichts zu suchen. – Wir alle haben zwar etwas in der Zeit verloren, Eltern, Freunde, Kinder, was sich nur in der Ewigkeit wiederfinden läßt. Darum haben wir etwas in der Ewigkeit zu suchen. Der Dichter Friedrich Hebbel (1813-1863) hat das so formuliert: „Der Tod eines heißgeliebten Menschen ist die eigentliche Weihe für eine höhere Welt. Man muß auf Erden etwas verlieren, damit man in jenen Sphären etwas zu suchen habe."

5. Wer angesichts des todsicheren Todes auf Leben hofft, ist nicht ganz bei Troste, sagen die tapfer tuenden Todesfixierten. Im Gegenteil: Der ist nicht ganz bei Troste, der keine Hoffnung hat. Wir, die wir Hoffnung auf Leben haben, sind um dieser Lebenshoffnung willen bei Troste, sind Getröstete. Der romantische Dichter Novalis (1772-1801) stellt in seinem Heinrich von Ofterdingen die grundlegende Frage menschlicher Existenz: „Wo gehen wir hin?" „Immer nach Hause." Weil wir Beheimatung beim Gott des Lebens haben, darum sind wir bei Troste. – Am Ende seines Lebens äußerte der Maler und Bildhauer Michelangelo gegenüber einer befreundeten Gräfin: „Ich bin 86 Jahre alt und hoffe bald von Gott heimgeholt zu werden." Die Gräfin fragt: „Sie sind lebensmüde?" Und Michelangelo: „Nein, lebenshungrig." Und weil wir lebenshungrig, nicht lebensmüde sind, formulieren wir mit den letzten Worten des Glaubensbekenntnisses unsere todüberwindende Lebenserwartung: Ich erwarte die Auferstehung der Toten und das Leben der kommenden Welt. Diese an keiner Todesfurcht zugrundegehende Lebenserwartung feiern wir in der Osterzeit.

Zwielichtige Existenzen?

Am Ende des letzten der vier Evangelien, als Johannes schon ein Schlußwort angefügt hat und alles gesagt zu sein scheint, hebt er nochmals an und schreibt sein Nachtragskapitel (Joh 21). Es spielt im Zwielicht der Morgendämmerung, an der Grenze zwischen Tag und Nacht. Es erzählt uns die Geschichte vom reichen Fischfang (1) und die Geschichte einer zweiten Berufung (3). Dazwischen aber steht als Mittelpunkt (2) eine Eucharistieerzählung mit Brot und Fisch.

1. In der völligen Verunsicherung zwischen Karfreitags- und Ostererlebnissen sucht Petrus Sicherheit in dem, was er kann, in seiner beruflichen Arbeit. Er geht mit den anderen zum Fischen. Und obschon sie doch ihr Handwerk verstehen, fangen sie in dieser Nacht nichts. Man mag das als ein Bild auch für unser Leben lesen. Nach der unsäglichen nächtlichen Mühe des Lebens stehen wir am Ende mit leeren Netzen und leeren Händen da. – Das Evangelium erzählt weiter: „Als es schon Morgen wurde, stand Jesus am Ufer, aber die Jünger wußten nicht, daß es Jesus war." Wie die Jünger steuern auch wir nach der nächtlichen Fahrt des Lebens auf das andere Ufer unserer Existenz zu. Wir Erfolglosen werden erwartet am Ende der Fahrt des Lebens, erwartet von dem, den wir noch nicht kennen. – Die Jünger werden von Jesus aufgefordert, zur Unzeit nochmals die Netze auszuwerfen, eigentlich ein aussichtsloses Unterfangen. Und doch machen sie auf sein Wort hin den Fang ihres Lebens. Mir sagt der Text: Wenn wir nach der nächtlichen Mühe des Lebens vielleicht als Erfolglose und Resignierte das Ufer unserer jenseitigen Existenz ansteuern, dann werden wir erwartet von dem, der unverhofft leere Netze und leere Hände füllen kann.

2. Im Evangelium folgt dann die merkwürdige Eucharistieerzählung. „Keiner wagte zu fragen: Wer bist du? Denn sie wußten, daß es der Herr war." Im Zwielicht des Morgens in der seltsam schwebenden Situation zwischen Zweifel und Gewißheit lädt der Herr seine Jünger zum Mahl. Unsere Begegnung mit dem Auferstandenen in der

Eucharistie ereignet sich auch oft im Zwielicht zwischen Zweifel und Gewißheit. Der Fisch, den die Jünger an Land gezogen haben, ist zugleich mehr als nur ein Nahrungsmittel, er ist ein zeichenhaftes Glaubensbekenntnis. Das Evangelium ist Griechisch geschrieben, und das griechische Wort für Fisch (IChThYS) bezeichnet mit seinen Buchstaben Jesus Christus, Gottes Sohn, Retter (iesoûs, christós, theoû yiós, sôter). So wird der Fisch zum Hoffnungszeichen und Glaubensbekenntnis. In jeder Eucharistie begegnen wir dem Auferstandenen als Gastgeber des Hoffnungsmahls, sind wir dem Retter, dem Sohn Gottes näher als uns bewußt ist.

3. Und dann schließt sich die Geschichte einer zweiten Berufung an. Zweimal berichtet das Johannesevangelium von einem Kohlenfeuer. Das erste brennt im Hof des hohepriesterlichen Palastes in der Nacht der Gefangennahme Jesu. Und hier verleugnet Petrus seinen Herrn dreimal. Das zweite brennt hier am See von Tiberias. Und hier fragt der auferstandene Herr dreimal: Liebst du mich? Dreimal bejaht Petrus die Frage. So wird die Erinnerung an das Desaster zu einer Neuberufung und Verwandlung. Einem Versager wird das Hirtenamt für die Herde Christi übertragen und an eine einzige Qualifikation geknüpft: An die Liebe. Auch wir werden nicht auf unser Versagen festgenagelt, wir werden nicht entmutigt, sondern zu einem Neubeginn ermutigt. Und das Startkapital ist einzig die verwandelnde Kraft der Liebe. Im Zwielicht dieser Begegnung des gekreuzigten und auferstandenen Herrn mit seinen Jüngern deutet der Herr auch auf den Tod, und nicht nur den des Petrus hin. „Wenn du aber alt geworden bist, wirst du deine Hände ausstrecken und ein anderer wird dich gürten und dich führen, wohin du nicht willst.“ Unser Weg führt wie der des Petrus auf den Tod zu. Und doch mutet Jesus dem Petrus, den Jüngern und uns das „Folge mir nach!“ zu. Aber seine eigene, wenn auch von uns nur im Zwielicht des beginnenden Tages geschaute Gegenwart, hat selbst den Weg in den Tod hinein als Weg durch den Tod hindurch und damit als Lebensweg ausgewiesen. Vielleicht dämmert es uns zwielichtigen Existenzen, daß wir endgültig nicht für die Nacht des Todes, sondern für

den Tag des Lebens bestimmt sind. Und vielleicht leuchtet uns im Zwielicht der Begegnung mit dem Auferstandenen die Hoffnung auf den Tag ohne Abend auf und ein.

Tag der geistlichen Berufe

Welt-geist-lich

Zwischen Ostern und Pfingsten ist Jahr für Jahr der Welttag der geistlichen Berufe. Priester werben Priester, oder Seelsorger werben Seelsorger? Müßte es nicht eigentlich mehr die Sorge der Seelen werden, gute Sorger für ihre Seelen zu bekommen, anstatt nur Sorge der Seelsorger zu bleiben? – Ich habe einmal zum Beruf des Priesters in einer Sprichwortsammlung nachgeschlagen. Da stand zum Beispiel: „Priester und Wegweiser zeigen wohl den rechten Weg, aber sie gehen ihn nicht selbst." Das war ein Anschlag auf priesterliches Selbstbewußtsein. Aber es kam noch dicker! Zum Stichwort Pfaffe war nämlich noch mehr zu finden: „Pfaffen haben zwei Hände: eine zum Nehmen und eine zum Festhalten." „Pfaffen und Hunde verdienen ihr Brot mit dem Munde." „Den Pfaffen kann selbst der Teufel nichts abgewinnen." „Pfaffengierigkeit und Gottes Barmherzigkeit währt in alle Ewigkeit." Man könnte meinen, keiner unter den Priestern sei ein Pfarrer von Ars, statt dessen aber einer wie der andere ein Aas von Pfarrer. Allesamt seien sie rechthaberisch, geldgierig und hinterhältig schlecht. Ich glaube zwar für jeden Vorwurf gibt es reichlich Belege in einer langen Kirchengeschichte. Mir sind in meiner Kirchengeschichte gute und mittelmäßige genug, aber so miese Typen nie über den Weg gelaufen. – Wechseln wir einmal das Berufsfeld. Nehmen wir die Ärzteschaft. Wenn Sie aufmerksam die Zeitungen studiert haben in der letzten Zeit, dann haben Sie gelesen, daß z. B. ein Postbote im Arztkittel jahrelang dickes Geld abgesahnt hat, daß schlampige Chirurgen halbe Werkzeugkisten im Bauch eines Patienten stehen gelassen, oder einer Patientin die gesunde Niere entnommen und die krebskranke Niere belassen haben, daß sich ganze Hundertschaften von Ärzten mit den zugehörigen Apotheken durch gigantischen Rezepteschwindel an Fiskus und Patient vorbei, ein Vermögen in den Rachen geschoben haben. Und dennoch bin ich medizinisch gut behandelt worden, hat mein Hausarzt sich Zeit für mich und nicht für Rezeptschwindel genommen, bin ich vor Jahren durch ärztliche Hilfe dem Tod noch einmal von der Sense weggesprungen, habe ich wie Zigtausende vor mir, mit mir und nach mir bei und trotz aller menschlichen Schwäche der Ärzte wirkliche Hilfe erfahren. Dafür bin ich dankbar. Selbst wenn es Ärzte gibt, die als Scharlatane und unersättliche Halunken Schlagzeilen machen, wird doch niemand ernsthaft die gute Arbeit des weit überwiegenden Teils der Ärzte in Zweifel ziehen oder das Gesundheitswesen ersatzlos streichen wollen. Den Kritikern ist insoweit recht zu geben, daß Geldsäcke in den Tresor und nicht in den Arztkittel und schon gar nicht ins Meßgewand gehören. Warum aber wird jemand Arzt? – Weil die Aufgabe so unabdingbar wichtig ist, Krankheiten zu heilen, körperliche Schmerzen zu lindern, Menschen beizustehen. Niemand wird Arzt, weil er alle Ärzte für Heilige, sondern obwohl er die meisten Ärzte nicht für Heilige hält. So ähnlich ist es auch mit dem Priester. Warum wird jemand Priester? – Weil trotz mancher mieser Typen im Meßgewand die Aufgabe, die die meisten gut oder doch mit gutem Willen tun, so unabdingbar wichtig ist. Priester, Seelsorger im weiteren Sinne sind dringend nötig, weil sie es immer wieder mal schaffen, die heillos Zerstrittenen wieder an einen Tisch zu bringen, und dem gottlos und haltlos gewordenen in Gott neuen Halt zu geben, weil sie es immer wieder mal schaffen, dem Trostlosen und Verzweifelten trotz aller Zweifel Trost zuzusprechen, weil sie es immer wieder mal schaffen, dem Sterbenden in des Wortes bester Bedeutung Sterbe- und Lebenshilfe zu sein, und menschlichem Leben Sinn zu geben in der Ausrichtung auf Ursprung und Ziel unseres Lebens, in der Ausrichtung auf Gott. Um es mit einem Wort zu sagen: Priester oder umfassender Menschen mit einem geistlichen Beruf, Männer und Frauen, stehen im Dienst einer Hoffnung, die die Menschheit so nötig braucht wie die ärztliche Hilfe, im Dienst einer Hoffnung, die eine hoffnungslose Menschheit und Welt zum Guten verändert. Zu einem so verstandenen geistlichen Beruf möchte ich ermutigen. Ob ich bei aller Bemühung meinen Beruf gut genug erfülle, mag der Herrgott entscheiden. Daß mich hingegen mein Beruf mit innerer Zufriedenheit und Hoffnung erfüllt, das darf ich schon jetzt entschieden bejahen. Diese Ermutigung darf ich an all die weitergeben, die mit dem Gedanken spielen, einen geistlichen Beruf zu ergreifen. Lassen Sie mich ausnahmsweise einmal etwas militant schließen: Wer schon nicht zur regulären Truppe derer in einem geistlichen Beruf stoßen kann, der sei im Kampf gegen die Hoffnungslosigkeit der Welt wenigstens ein guter Partisan.

Pfingsten

Wahrheitsfähig?

Wir feiern Pfingsten, das Fest des Heiligen Geistes. Immer wieder nennt die Bibel diesen Geist Gottes: Geist der Wahrheit. Der Geist, der die Wahrheit ist, die Wahrheit lehrt, uns zur Wahrheit führt. In der Passionsgeschichte (Joh 18,38) sagt der opportunistische Machtpolitiker Pilatus, vermutlich eher mit wegwerfender Handbewegung als mit Pathos: „Was ist Wahrheit?“ Ist sie nicht ein armseliges Pflänzchen, das von Soldatenstiefeln, von blankpolierten Politiker- und Lobbyistenschuhen, von den Pumps der Models aus Show und Werbung gedankenlos oder gnadenlos zertreten wird, wo immer es zu wachsen beginnt? Es ist wohl so. – Aber wie bei Pflanzen, die den Asphalt und das mächtige Steinpflaster aufbrechen, so ist es auch mit der Wahrheit. Bildreich und deftig bringt die Volksweisheit diesen Gedanken zum Ausdruck: In Ungarn sagt man: „Die Wahrheit geht manchmal unter, aber sie ertrinkt nicht.“ Und in Angola heißt es: „Auch ein Furz, den du unter Wasser losläßt, kommt an die Oberfläche.“ Und Martin Luther (1483-1546), der offenbar immer bei Tisch zu besonderer Hochform aufgelaufen ist, auf Bildern sieht man es ihm auch an, meint in seinen Tischreden: „Der Wein ist stark, der König ist stärker, die Weiber noch stärker, die Wahrheit am allerstärksten.“ Um die Wahrheit zu begraben, reichen die Totengräber offenbar nicht aus, und kein Grab ist tief genug, um sie endgültig zu versenken. Allen Gräbern der Unwahrheit entwächst sie früher oder später wieder.
Neben den offensichtlichen Versuchen, die Wahrheit zu begraben, gibt es noch die verdeckten Versuche, sie „nett zurechtzumachen“. Friedrich von Logau (1604-1655) hat das in seinem Gedicht „Die Wahrheit“ so formuliert: „Andre Weiber hätten Spott, / wenn sie sollten nackend gehn, / Wahrheit aber färbt sich rot, / wenn sie soll in Kleidern stehn.“ (Das kann man auch partei- und kirchenpolitisch

verstehen, denn auch dort gibt es Verkleidungskünstler, die rot bevorzugen.)
Aber selbst wenn die Wahrheit diesen zähen Überlebenswillen und diesen Hang zur Nacktheit, zum Nichts-als-die-Wahrheit hat, sind wir denn fähig, sie wirklich zu erkennen? Ist nicht die halbe Wahrheit die ganze Lüge? Hat nicht Friedrich Nietzsche (1844-1900) recht, wenn er sagt: „Die Wahrheiten des Menschen sind die unwiderlegbaren Irrtümer" und „Überzeugungen sind oft die gefährlichsten Feinde der Wahrheit"? Auch ihm scheint die Geschichte recht zu geben. Aber vielleicht gibt es doch so etwas wie ein Hindurchirren durch die Irrtümer, das zugleich eine Annäherung an die Wahrheit bedeutet. Pater Martini aus dem Kreis um Konrad Lorenz hat sinngemäß einmal gesagt: Die Wahrheit ist derjenige Irrtum, der den Übergang zum nächst kleineren Irrtum am meisten erleichtert oder am ehesten wahrscheinlich macht. Asymptotisch nähern wir uns der Wahrheit, nie haben wir sie erfaßt. – Aber das, was wir von der Wahrheit erkannt zu haben glauben, das muß bei aller Vorsicht und Bescheidenheit dennoch engagiert vertreten werden. Bertolt Brecht läßt in seinem „Leben des Galilei" den kleinen Mönch, der zugleich Physiker ist, fragen: „Meinen Sie nicht, daß die Wahrheit, wenn es Wahrheit ist, sich durchsetzt, auch ohne uns?" Und Galilei antwortet vollmundig: „Nein, nein, nein. Es setzt sich nur so viel Wahrheit durch, als wir durchsetzen." Vor seinem Widerruf sagt es Galilei selbst; dann aber, nach seinem Widerruf, muß er es sich gesagt sein lassen von seinen Schülern: „Wer die Wahrheit nicht weiß, der ist bloß ein Dummkopf. Aber wer sie weiß und sie eine Lüge nennt, der ist ein Verbrecher" – Ich glaube, der, der von sich sagt: „Ich bin der Weg und die Wahrheit und das Leben ..." (Joh 14,6), der kann der Wahrheit auch ohne uns und sogar gegen uns zum Sieg verhelfen, aber er scheint es vorzuziehen, sie mit uns und für uns siegen zu lassen. – Natürlich, man kann versuchen, wenn der Zeitgeist umnachtet ist, eine Sonnenuhr mit Hilfe einer Taschenlampe abzulesen. Das Ergebnis ist so belanglos wie beliebig. Erst wenn die wirkliche Sonne des Gottesgeistes aufgegangen ist, können wir die Hoffnung haben, von der Son-

nenuhr unserer Wissenschaft eine Auskunft zu erhalten, die sich der Wahrheit annähert. – Die Wahrheit, die wir nicht zerstören können, die wir nur zum eigenen und zu anderer Menschen Schaden zeitweise vertuschen können, die Wahrheit, die wir nie ganz erfassen können, ist die Wahrheit des Gottesgeistes. Und für die lebenslange Suche nach dieser Wahrheit gilt das Wort des Philosophen und Mathematikers Gottfried Wilhelm Leibniz (1646-1716): „Die Menschen sind verschieden, doch die Wahrheit ist eine, und alle, die sie suchen, auf welchem Gebiet es sei, helfen einander."

Babel-Bau weltweit

Sie alle kennen die Geschichte vom Turmbau zu Babel, diesen wahnwitzigen Versuch, „einen Turm zu bauen, dessen Spitze bis an den Himmel reicht" (Gen 11,4). – 150 Kilometer südlich von Bagdad an einem Seitenarm des Euphrat lag Babylon oder Babel. Die alte, kurz nach 1900 ausgegrabene Innenstadt hatte eine Fläche von 240 ha. Schon in der 2. Hälfte des dritten Jahrtausends vor Christus wird Babylon erwähnt. Bedeutende Herrscher wie Hamurapi (1728-1685 v. Chr.), Nebukadnezzar II. (605-562 v. Chr.) haben hier residiert. Heute findet man nur noch eine Ruinenstadt. – Das in den Augen der Bibel absolut Gigantische war dies, im Schwemmland, in dem es keine natürlichen Steine gab, künstliche Steine zu brennen, als Mörtel das asphaltartige Erdpech zu verwenden und mit diesen puren Kunstprodukten eine gewaltige Stadt mit einem Turm von exorbitanten Ausmaßen zu bauen. – Im Zentrum von Babel am Fluß Esagila lag der große Tempelkomplex des Gottes Marduk mit dem Stufenturm Etemenanki, der mit seinem Hochtempel aus glasierten Ziegeln fast 92 Meter hoch über der Ebene aufragte. Von dort führte eine 23 Meter breite Prozessionsstraße durch das mit Reliefziegeln geschmückte Istar-Tor. Etemenanki heißt so viel wie „Haus, das Fundament von Himmel und

Erde ist". – Gerade an Pfingsten, wo vom Geist Gottes die Rede ist, bringt uns die Liturgie diese Geschichte vom Ungeist des Menschen in Erinnerung. – Als Jugendlicher fand ich die Geschichte blöd, weil Gott scheinbar Angst hat um seine Macht, und auf den miesen Trick verfällt, die Sprachen der Menschen zu verwirren, um damit das großartig kooperative Bauprojekt zum Einsturz zu bringen. Heute sehe ich diese Geschichte etwas anders, heißt es doch: „Da stieg der Herr herab, um sich Stadt und Turm anzusehen." Das Bauwerk, das sich „Fundament von Himmel und Erde" nennt, ist ein derartiger Mückenschiß, daß selbst Gott sich schon tief herablassen muß, um es überhaupt wahrnehmen zu können. Und indem er ihre Sprache verwirrt, macht er deutlich, wie sehr all unsere gigantischen menschlichen Bemühungen auf dem Fließsand der Sprache gebaut sind. – Die Hebräer deuteten den Namen Babel von ihrem Wort „balal" her, was soviel heißt wie vermengen, durcheinanderbringen und übersetzten Babel mit „Verwirrung". Nach babylonischer Etymologie heißt Babel aber „Haus Gottes". – Die alten Mythologien erzählen bis in unsere Zeit hinein etwas, was vielleicht nie war, aber immer ist. Und die Geschichte vom Turmbau zu Babel erzählt von der permanenten Gefährdung des Menschen durch Maßlosigkeit, Hybris und Gigantomanie. Allenthalben und bis heute baut er an Türmen, die bis zum Himmel reichen sollen: Da gibt es den Turmbau zu Babel als Mega- und Gigafusionen im Bankbereich, und die Finanzimperien wachsen bis zu definitiven Unbeherrschbarkeit und Unberechenbarkeit. Schließlich kann, wie gerade erlebt, ein einziger windiger Finanzjongleur an einer Börse in Fernost eine der größten Banken Englands in die Megapleite treiben. – Da gibt es den Turmbau im Babel der Informationstechnologie. Bei einem Besuch im Heinz-Nixdorf-Forum Paderborn, dem größten Computermuseum der Welt, war aus höchst sachkundigem Mund zu erfahren: Es gebe im Imperium der Mega- und Gigabytes keine Sicherheit. Es sei heute bereits an der Tagesordnung, daß Banken und Großfirmen erpreßt werden, weil Hacker in ihre Dateien eingedrungen seien und mit der Weitergabe der Daten an Konkurrenten drohten. Und die winzige absichtlich herbeigeführte Sprachverwirrung eines kleinen EDV-Virus legte kürzlich Tausende von Datenbanken lahm und brachte in Sekundenschnelle Milliardenverluste. Der auf Mega- und Gigabytes gebaute EDV-Turm zu Babel bröckelt. – Schließlich gibt es den Turmbau im Babel der Gentechnologie: Der Mensch bemächtigt sich des Erbguts und damit der biologischen Grundlagen seiner selbst. Nicht nur in somatische Zellen greift er ein und verändert damit das Erbgut dieses oder jenes Menschen, sondern auch in Keimbahnzellen und verändert das Erbgut für alle kommenden Generationen. Sein Allmachts- und Allwissenheitsgehabe krönt der nach dem Bilde Gottes geschaffene Mensch damit, daß er den nach dem Bilde des Menschen geschaffenen Menschen kreiert und sich zum Maßstab macht. Und auch hier in der DNS-codierten Sprache unseres Erbgutes kündigt sich die babylonische Sprachverwirrung an, weil viele, die Humanität rufen, nur Liquidität meinen und Erbgutsequenzen zu Wucherpreisen verhökern. – Wenn diese wirtschaftlich-technisch-wissenschaftliche Kreuzfahrt durch die Meere der Möglichkeiten gutgehen soll, dann brauchen wir eine andere als unsere eigene Weisheit; denn man kann unmöglich nach einer Marke segeln, die wir an den Bug des eigenen Schiffes genagelt haben. All unsere wirtschaftlich-technisch-wissenschaftliche Tüchtigkeit mündet in das Ruinenfeld des Babel, das da Verwirrung bedeutet. Eine für Menschen bewohnbare Stadt bleibt dieses Babel nur dann, wenn es an dem Projekt baut, was der Name Babel ursprünglich meint: „Haus Gottes“.

Kreuzerhöhung
(14. 9.)

Kreuz-weise

Haben Sie ein Kreuz in ihrer Wohnung aufgehängt? Vielleicht denken Sie: Warum sollte ich?
Am 14. September begeht die Kirche das Fest Kreuzerhöhung. Es erinnert an die Einweihung der Konstantinischen Basilika über dem Grab Christi in Jerusalem am 13. September 335, der auch der Jahrestag der Kreuzauffindung durch Kaiserin Helena gewesen sein soll. Dann aber erinnert es vor allem an den 14. September 335, den Tag nach der Kirchweihe, als die Erhöhung, d. h. die öffentliche Darstellung des Kreuzes vor allem Volk, gefeiert wurde. Bereits um das Jahr 350 sind soviel Partikel angeblich des wahren Kreuzes verbreitet, daß daraus vermutlich Dutzende von Kreuzen hätten gemacht werden können. Historisch-kritisch gesehen mögen das ein paar Kreuze zuviel sein. Aber im Blick auf die eigene Lebens- und die Weltgeschichte muß man wohl sagen: Es gibt ein Millionenheer von Kreuzen quer durch alle Jahrhunderte, und Sie haben das Ihre. – Literarisch wird die Geschichte von der Kreuzauffindung erstmals 395 durch Ambrosius von Mailand erwähnt.
614 geht das Kreuz an den Großkönig Chosrau II. Parvez von Persien verloren, wird 630 von Kaiser Herakleios zurückerobert und ab 635 in Konstantinopel aufbewahrt. Auch die Kreuzritter, keineswegs nur kreuzbrav, führten seit 1099 eine Kreuzreliquie mit sich, die aber, eine Ironie der Geschichte, im Jahr 1187 bei der Schlacht von Hattin in Galiläa, d. h. in der Heimat Jesu, verlorenging.
Das Kreuz ist ein menschliches Ursymbol und spätestens seit der Jungsteinzeit bekannt. Auf oftmals mörderische Weise teilt es die Welt in oben und unten, in hoch und tief. So führen die einen kreuzfidel ein Leben wie auf der Kreuzfahrt, während die anderen nichts als ein durchkreuztes Leben kennen, ein Leben als Kreuzweg.

Das Kreuz teilt die Welt ein in rechts und links und läßt Menschen an dieser Aufteilung sterben. Die einen handeln angeblich nur rechtens, die anderen werden dabei gelinkt und aufs Kreuz gelegt.
Aber der Gekreuzigte streckt die Hände aus zu denen rechts und links, zu denen, die man links liegen läßt, zu denen, die als rechts abgestempelt sind. Der am Kreuz Erhöhte schaut sterbend zu den Erniedrigten, zu denen, die man heruntergemacht hat, die ganz unten sind. Und nicht nur die Gesten, auch die Worte Jesu am Kreuz, die Worte im Sterben sind Hilfe zum Leben.
Mit dem Wort aus Psalm 22 „Mein Gott, mein Gott, warum hast du mich verlassen?" (Mt 27,46) spricht er wie die und mit denen, die sich gottverlassen fühlen, und betet dabei zugleich zu dem Gott, der uns nicht verläßt. – Auf seine und unsere letzte Geborgenheit in Gott verweist sein Gebet „Vater, in deine Hände befehle ich meinen Geist" (Lk 23,46). Wenn wir den Geist aufgeben, dann übergeben wir ihn in Gottes väterliche Hand. – Seine Klage „Mich dürstet" (Joh 19,28) fühlt den unstillbaren Lebensdurst der Menschen bis zum Ende mit. – Mit den Worten „Frau, siehe, dein Sohn. ... Siehe, deine Mutter" (Joh 19,26 f.), die er an Maria und Johannes unter dem Kreuz richtet, verbindet er die Trauernden zur Solidargemeinschaft der Hoffenden. – Sein Todesschrei (Mk 15,37) mit den Verzweifelten rüttelt auf aus der gedankenlosen Apathie und der selbstvergnügten Wahrnehmungsstörung gegenüber den Leidenden. – Sein friedvolles im Sterben gesprochenes Wort „Es ist vollbracht" (Joh 19,30) verweist in seinem und unserm Ende auf seine und unsere Vollendung. – Der Todgeweihte verheißt in ungebrochener Lebenshoffnung denen, die schon morgen im Grab liegen: „Heute noch wirst du mit mir im Paradies sein" (Lk 23,43).
Mit solcher todüberwindenden Hoffnung brauchen wir Christen nicht kreuzlahm den Lebensweg zu gehen und nicht vor den Göttern und Halbgöttern unserer Zeit zu Kreuze kriechen. Seit Christus ist das Kreuz der Ort, wo der Himmel tief geerdet wird, aber auch der Ort, wo sich die Erde zum Himmel reckt.

Und wenn Sie Ihr Kreuz aus der Wohnung weggehängt oder nie eines hingehängt hatten, hängen Sie sich ein Kreuz hin. Der tägliche Blick aufs Kreuz ist Zumutung und Ermutigung zugleich, ist Sterbehilfe im Leben und Lebenshilfe im Sterben.

Erntedank
(1. Sonntag im Oktober)

Deutscher Erntedank?

Der beginnende Oktober vereinigt zwei Feiertage: Kirchlicherseits das Erntedankfest am 1. Sonntag im Oktober und staatlicherseits den Tag der deutschen Einheit am 3. Oktober. Paßt das zusammen? – Mit einem Freund bin ich im Sommer die Elbe flußaufwärts geradelt, von ihrer Mündung in Cuxhaven bis zur Quelle bei Spindlermühle im Riesengebirge. An diesem Fluß verbinden sich für mich der Tag der deutschen Einheit und das Erntedankfest; denn die Elbe ist in vielerlei Hinsicht ein Schicksalsstrom, quer durch Deutschland und zugleich ein Lehrpfad in Sachen Dankbarkeit. – Unter geographischem Aspekt betrachtet verbindet der Fluß die Metropolen Berlin über die Havel und Prag über die Moldau mit dem Hamburger Tor zur Welt. Durch diesen Fluß fließen nicht nur Wassermassen, sondern auch Wirtschaftskräfte und kulturelle Impulse, vom Prager Veitsdom, der Berliner Hedwigskathedrale bis zum Hamburger Michel. – Unter religiösem Aspekt betrachtet war die Elbe mit den Missionsposten Magdeburg und Halberstadt lange die Grenze zwischen den heidnischen Slawen und den mehr oder weniger christlichen Franken. Und wie an einer Perlschnur aufgereiht liegen die Hochburgen der Reformation an der Elbe, von Magdeburg über die Lutherstadt Wittenberg bis Dresden. Zum wiederholten Male tief beeindruckt bin ich durch die Ausstellung im ehemaligen Augustinerkloster und späteren Lutherhaus gegangen und habe dem tiefen Ernst von Reformation und katholischer Reform nachgespürt. Auch die Herrenhuter Brüdergemeinschaft mit dem Grafen von Zinzendorf und ihrem berühmtesten Schüler, dem Philosophen Schleiermacher, fand in Barby an der Elbe Beheimatung. Ich habe Grund zum Danken, daß die konfessionelle Trennung alle Militanz verloren hat und trotz der Bremser auch in hohen kirchlichen Schaltstellen eine wirklich substantielle Ökumene möglich geworden ist. – Oder betrachten Sie es unter politisch-militärischem Aspekt: Die Dübener Heide war 1631 das Aufmarschgebiet der Schweden unter Gustav Adolf vor der siegreichen Schlacht gegen die kaiserlichen Truppen unter Tilly im 30jährigen Krieg und das Aufmarschgebiet der napoleonischen Truppen und ihrer preußisch-russischen Gegner vor der Völkerschlacht bei Leipzig mit dem vernichtenden Ende für Napoleon (1813). Und im gerade hinter uns gelassenen 20. Jahrhundert war die Elbe über Jahrzehnte die Demarkationslinie zwischen den beiden Deutschlands und den waffenstarrenden östlichen und westlichen Machtblöcken. Einige Male sind wir durch den Fluß geschwommen, unter anderem in Torgau, wo die sowjetischen und die amerikanischen Truppen mit ihrem symbolischen Handschlag die Niederlage der deutschen Truppen besiegelten. Im Winter 1945 sind Tausende von Menschen durch die eiskalten Fluten der Elbe geschwommen, um von der russischen auf die amerikanische Seite zu gelangen. Viele sind dabei ertrunken. Und wären wir einige Jahre eher durch die Elbe geschwommen, dann hätte das angesichts des damaligen Schießbefehls ein tödliches Ende nehmen können. Ich habe Grund zum Danken, daß ein im Bombeninferno unbeschreiblich zerstörtes Dresden zu einer kaum mehr für möglich gehaltenen Schönheit neu erwächst durch die Solidarität der Deutschen, die trotz aller Klage und Kläglichkeit Hand und Fuß hat. Ich kann von Herzen danken, daß unser Volk zu einer sich noch vertiefenden politischen Einheit gefunden hat. – Oder betrachten Sie es unter biologischem Aspekt: Die größten und artenreichsten Auenwälder Mitteleuropas finden sich hier an der Tieflandelbe. Und noch immer gibt es Elbebiber, Fischadler und Weißstörche. Das Biosphärenreservat mittlere Elbe bei Dessau, die Nationalparks Hamburgisches Wattenmeer, Elbsandsteingebirge und Riesengebirge sind für den, der die Natur liebt wie ein Geschenk des Himmels. Ich habe Grund zum Danken, daß da bei allen politischen, agrarischen und industriellen Verwerfungen durch einsichtige Menschen ein fast paradiesischer Naturraum erhalten geblieben ist, der als bestaunenswerte

Schöpfung auf den Schöpfer verweist. – In welch vergleichsweise glücklicher Zeit dürfen wir leben. Und so bin ich dankbar für eine Ernte, die ich weder ausgesät noch eingeholt habe, von der ich aber gleichwohl zehren darf, dankbar für Kultur und Natur, die in allen Brüchen der Geschichte so unerschöpflich reich auf uns gekommen ist, dankbar für eine Zeit, die uns bisher mehr als ein halbes Jahrhundert Frieden mit Wohlstand beschert hat. Und so versuche ich heute die Saat der Menschlichkeit für morgen auszubringen, damit die nach mir Kommenden auch Erntedank feiern können. Der erste und letzte Adressat für die Bitten meiner Bedürftigkeit und die Lobgesänge meiner Dankbarkeit aber ist Gott, der Herr über Land und Leute, über Natur und Kultur, über Raum und Zeit.

Reformationsfest / Allerheiligen / Allerseelen / Totensonntag

... heftig gegen die Mitternacht

Als Student hatte ich einmal in einem der altehrwürdigen Uhrenläden Münsters zu tun. Der Uhrmacher ging mit meiner reparaturbedürftigen Armbanduhr in seine Werkstatt, und ich stand da allein und wartete umgeben von mannshohen Standuhren.

Und merkwürdig berührte mich die tiefe Stille und das darin um so nachdrücklichere Ticken der Uhren, die unerbittliche Abbuchung vom Lebenshabenkonto.

Und dann fiel mein Blick auf die lateinische Schrift auf dem Zifferblatt einer dieser Uhren. „Tempus nascendi – tempus moriendi“ stand da, ohne Interpretation übersetzt: „Zeit des Geborenwerdens – Zeit des Sterbens".

Man könnte es auch existentiell nachdrücklicher übersetzen: Die Zeit des Geborenwerdens ist die Zeit des Sterbens.

Und jeder Biologe oder Mediziner wird diesen Satz unterschreiben können; denn es ist nachweislich, daß schon im Neugeborenen ein Zellsterben im Gange ist, wiewohl es vom Zellwachstum noch deutlich übertroffen wird. Das heißt:

Jedes Lebensalter, ob wir das einsehen wollen oder nicht, ist auch ein Sterbealter.

Der Sterbende nimmt nicht nur sich selber mit, sondern auch von uns, den Hinterbliebenen, stirbt etwas mit: Ein wichtiger Teil menschlicher Beziehungen stirbt mit, und zwar umso mehr, je mehr wir dem Verstorbenen verbunden waren. Zu beiden Beobachtungen ließe sich resümierend sagen: Lebende sind Sterbende in bestimmten, unterschiedlichen Sterbephasen. Und das gilt auch dann, wenn man es sich in der studentischen oder professoralen Sterbephase recht kommod einrichten kann.

Reiner Maria Rilke hat das allgegenwärtige und lebenslängliche Involviertsein in Sterbeprozesse im Buch der Bilder so ausgedrückt:

„Der Tod ist groß.
Wir sind die Seinen
lachenden Munds.
Wenn wir uns mitten im Leben meinen,
wagt er zu weinen
mitten in uns."

Es stimmt: Der Tod ist groß. Aber stimmt nicht auch die Hoffnung: Größer ist der Gott, der uns trotz allem Tod und angesichts allen Todes zur Hoffnung ermutigt?
Es stimmt: Der Tod ist groß ... Wir sind die Seinen über kurz oder lang. Aber stimmt nicht auch die Hoffnung: Größer ist der Gott, der in Christus Sterben und Tod nicht umging, sondern darauf einging, der Sterben und Tod nicht ausließ, sondern sich selbst darauf einließ, der am Kreuz den Tod durchkreuzte und sterbend den Tod durchlebte.
Wenn wir den auf Auferstehung setzenden Glauben nicht hätten, wäre der Gottesdienst hier Folklore in musealem Ambiente. Dann könnten wir auch ein, wie es in irritierender Kurzform heißt, Requiem für die Theologische Fakultät und nicht für deren Mitglieder und Angehörige feiern.
Weil und soweit wir diesen Glauben haben, hoffen wir, daß unsere Toten nicht endgültig von uns weggegangen, sondern uns nur vorausgegangen sind.
Das für uns in Grenzen überschaubare, weil in der Lebenshelle liegende Wegstück haben sie bewältigt. Das für uns gänzlich unüberschaubare, weil im Todesdunkel liegende Wegstück haben sie, so hoffen wir, mit Hilfe dessen bewältigt, der dieses Wegstück mit den Wegmarken der Hoffnung markierte.
Was könnten wir anderes und besseres tun, als uns hier an den zu halten, der dort noch hält, was er hier verspricht? So sagen wir mit den Worten des hl. Augustinus: „Des Christen Tod ist nicht der Untergang eines guten, sondern der Aufgang eines besseren Lebens."

In diesem Sinne beten wir auch in der Präfation: „Tuis enim fidelibus, Domine, vita mutatur, non tolitur." Deinen Gläubigen, o Herr, wird das Leben gewandelt, nicht genommen.
Auch wenn wir das glauben, und obwohl wir das glauben, verliert die abgründige Fraglichkeit des Todes nichts von ihrer Dunkelheit. Sie muß noch immer ausgehalten, durchgelitten und durchgestanden werden.
Der schon eingangs des Gottesdienstes zitierte Reiner Kunze hat ein Gedicht mit der ihm eigenen Verhaltenheit und Ambivalenz unter eine Überschrift gesetzt, die fast triumphal anmuten könnte:

Ostern

Die glocken läuteten,
als überschlügen sie sich vor freude
über das leere grab

Darüber, daß einmal
etwas so tröstliches gelang,

und das staunen währt
seit zweitausend jahren

Doch obwohl die glocken
so heftig gegen die mitternacht hämmerten –
nichts an finsternis sprang ab

Wir halten die undurchdringliche Finsternis des Todes miteinander aus. Und selbst wenn es die Mitternacht und gerade wenn es die Mitternacht ist, an die die Glocken anschlagen, haben wir Hoffnung. Denn das wissen wir doch: Die Mitte der Nacht ist der Anfang eines neuen Tages.
Und wenn, wie Kunze meint, die Glocken gegen diese Mitternacht hämmern und auch nichts von der Finsternis abspringt, vielleicht schlagen sie doch einen Hoffnungsfunken heraus, an dem sich die Osterkerze entzünden läßt.
Lebende sind Sterbende in einer bestimmten Sterbephase, das sagen uns Medizin und Biologie. Sterbende sind

Lebende am Beginn einer gänzlich neuen Lebensphase, das sagt uns der Glaube.
Der Spruch auf der Standuhr lautete: Tempus nascendi – tempus moriendi. Die Zeit des Geborenwerdens ist die Zeit des Sterbens. In dem Glauben, der uns hier zusammenführt, können wir ihn auch umkehren: Tempus moriendi – tempus nascendi. Die Zeit des Sterbens ist die Zeit des Geborenwerdens in eine neue Dimension von Leben hinein.

Zum Leben geliebt – zum Lieben gelebt

Irgendwann in fernen Schuljahren stand in meinem Lesebuch der kleine merkwürdige Vers, der mich seither begleitet:

Ich bin, weiß nit wer.
Ich komm, weiß nit woher.
Ich geh, weiß nit wohin.
Mich wundert, daß ich fröhlich bin.

In diesem Vers steckt eine tiefgründige Spannung zwischen völliger Fraglichkeit des eigenen Wer, Woher und Wohin und der aller Fraglichkeit trotzenden Fröhlichkeit. So mag es einem im Blick auf das eigene Leben wohl gehen. Wie ist das möglich? –
Vor kurzem nun erhielt ich einen Brief von jemandem, der in schweren persönlichen Nöten steckt, und sein Brief war so voll davon, daß ich selbst als eigentlich doch unbeteiligter ganz ratlos war. Aber dann hatte er unverhofft von Hanns Dieter Hüsch, diesem alten Spötter und Kabarettisten, einen Text angefügt, mit der frommen Überschrift:

Psalm

Ich bin vergnügt
Erlöst
Befreit

Gott nahm in seine Hände
Meine Zeit
Mein Fühlen Denken
Hören Sagen
Mein Triumphieren
Und Verzagen
Das Elend
Und die Zärtlichkeit

Was macht dass ich so fröhlich bin
In meinem kleinen Reich
Ich sing und tanze her und hin
Vom Kindbett bis zur Leich

Was macht dass ich so furchtlos bin
An vielen dunklen Tagen
Es kommt ein Geist in meinen Sinn
Will mich durchs Leben tragen

Was macht dass ich so unbeschwert
Und mich kein Trübsinn hält
Weil mich mein Gott das Lachen lehrt
Wohlüber alle Welt

Da fühlt einer, daß Gott eingreift in sein Leben, daß Gott die Dinge in die Hand nimmt, auch wenn immer noch das Verzagen und das Elend Wohnrecht im Haus unseres Lebens haben und nicht einfach vor die Tür gesetzt werden können. „Was macht dass ich so fröhlich bin“ ist dann vielleicht gar keine Frage, sondern meint: Daraus, aus Gottes Intervention in meinem Leben folgt, daß ich so fröhlich, so furchtlos, so unbeschwert bin.
Wissend, daß der Lauf unseres Lebens zielsicher vom „Kindbett bis zur Leich“ geht, und dennoch in einer Fröhlichkeit leben, die singen und tanzen läßt.
Wissend um die „vielen dunklen Tage", die von mir selbst und von anderen verdunkelten, und dennoch furchtlos, weil geistvoll, sprich von Gottes Geist voll, der es hell werden läßt.

Wissend um den lastenden „Trübsinn", der mich und mit dem ich so sehr niederdrücken kann, und dennoch von Herzen lachen können über den eigenen Kleinmut, nichts und niemand herabsetzend verlachen, nichts und niemand spöttisch belächeln, sondern wohltuend und diese wichtigtuerische Welt umfassend lachen:

„Weil mich mein Gott das Lachen lehrt
Wohlüber alle Welt“.

So kann ich beten: „Herr, die Dich in ihrer Nähe wissen, haben die tiefste Angst überwunden. Sie sehen in jeder Nacht die Stelle, wo es Tag wird, – und sind getrost. Herr, wir kommen aus Deiner Hand, wir gehen an Deiner Hand, wir fallen in Deine Hand. Wo Du bist, ist das Leben. Du verewigst uns in Dir; denn wir – sind geliebt.“

Man kann an die eigene Lebensleistung glauben; man kann auf glückliche Lebensumstände hoffen; man kann das Leben lieben. Christen haben auch dann, wenn die eigene Lebensleistung abnimmt, wenn die Lebensumstände bitter sind und das Leben am Ende ist, noch einen Grund mehr zu glauben, zu hoffen und zu lieben, und der Grund heißt Gott.

Wer ohne Gott die Fraglichkeit des eigenen Wer, Woher und Wohin bestehen will, dem wird der Boden unter den Füßen entzogen, grabestief. Wer angesichts der Fraglichkeit des eigenen Wer, Woher und Wohin auf Gott setzt, der stellt sich auf den letzten tragfähigen Grund, der hat allen Grund zu einer bodenlosen Freude.

Wir dürfen uns sagen lassen und um Gottes willen glauben:

Ich wurde an meinem Anfang zum Leben geliebt durch zwei Menschen und durch Gott, damit ich an meinem Ende zum Lieben gelebt hätte für die Menschen und für Gott und mich zum Leben geliebt wüßte von Anfang an endlos durch Gott.

Heiligkeit aphoristisch

Wieder einmal haben wir Allerheiligen begangen und die Friedhöfe besucht, vielleicht in der Hoffnung oder gar Gewißheit, daß viele von denen, die wir zu Grabe getragen haben zu diesem Heer aller Heiligen gehören. Aber was sind Heilige? Was ist Heiligkeit?
Heilige sind keine Mannequins des Christlichen, keine moralischen Bodybuilder, die irgendetwas Äußerliches oder in purer Äußerlichkeit sich selbst vorführen. Ihr Leben hat etwas mit dem Heil zu tun, mit Heilwerden und Heilsein, mit Geheiltwerden und Geheiltsein. Immer ist etwas unverdient Geschenktes im Spiel, aber man muß es sich auch schenken lassen wollen; denn man kann es auch ablehnen.
Man kann versuchen, das, was Heiligkeit ist, mit den verschiedensten Biographien zu bebildern. Man wird auf ein Kaleidoskop von Lebensentwürfen, auf ein biographisches Feuerwerk stoßen.
Aber ich möchte einmal mit Aphorismen versuchen, das was Heilige sind und waren zu umschreiben. Vielleicht leuchtet Ihnen im Blick auf die Heiligen der Kirche oder die Heiligen Ihrer Familie und Ihres Bekanntenkreises der eine oder andere Aphorismus ein.

1. Wichtigtuer sind Leute, die, weil sie nur sich wichtig nehmen, nie etwas Wichtiges tun. Heilige sind Menschen, die weil sie auch das Unwichtige tun, nichts Wichtiges auslassen, auch nicht sich selbst.
2. Heilige sind für die Menschheit wie das Stichwortregister eines Buches; sie repräsentieren nicht den gesamten Inhalt, führen aber zu den wesentlichsten Stellen.
3. Heilige sind wie Überschriften in einem Buch, sie fassen das Wesentliche vieler Seiten zusammen und machen neugierig auf deren konkreten Inhalt.
4. Heilige sind Menschen, die dadurch zum Heil und zur Gänze finden, daß sie ihr Unheil und ihre Gebrochenheit in Gottes Hand legen.
5. Heilige müssen keine großen Leuchten sein; sie reflektieren nur das Licht, das von Gott kommt. Aber das reicht

weiter und strahlt länger als das Gelichter der Blender oder Schein-Werfer.
6. Heilige sind Menschen, die im Spiegel der anderen nicht ein Star-Image, sondern ein menschliches Gesicht haben.
7. Heilige sind Menschen, die das Allzumenschliche bewältigen, weil ihnen nichts Menschliches fremd ist, also auch nicht der menschliche Gott.
8. Heilige können ihr Wort halten, wo andere nur ihr Wort machen.
9. Heilige wissen um die verborgene Seite der Wirklichkeit und erahnen selbst im Ableben noch das Aufleben, im Untergang den Übergang zum Neuaufgang.
10. Heilige sind Gefallene, an denen Gott Gefallen gefunden hat; oder genauer: Gefallene, die es sich gefallen lassen, daß Gott an ihnen Gefallen gefunden hat.
11. Heilige verändern sich selbst auf Gott hin und mit sich die Welt oder sie verändern die Welt auf Gott hin und mit ihr sich selbst.
12. Nur Heilige bringen das Menschenmögliche: Sie bringen Gott zur Welt und die Welt zu Gott.
13. Heilige haben Zeit, sie nehmen auch lebenslänglich in Kauf, weil es so oder so nur bis zur Ewigkeit dauert.
14. Heilige haben die eigenen Hände zur Handreichung und die fremden Füße zur Fußwaschung, und bestehen auch bei tieferer Dunkelheit und größerer Entfernung den Sehtest der Menschlichkeit.
15. Heilige sind Buchhalter; sie werden reich, indem sie mehr verausgaben als sie vereinnahmen; wie, das steht im Buch des Lebens, das sie halten und das ihnen Halt gibt.
16. Heilige sind Menschen, die etwas zu verkaufen haben und, wenn's sein muß, auch noch ihre Haut zu Markte tragen.
17. Heilige sind, vor Gott, dem Vater, Kinder und mit seinem Menschensohn – Menschenkinder.
18. Heilige sind so zweideutig, zwielichtig und zweifelhaft wie wir: Heilige übernehmen sich und Heilige übergeben sich. Aber was immer sie übernehmen, gibt Gott; und was immer sie übergeben, nimmt Gott. Sie können tun, was

sie nicht tun könnten, wenn sie es nicht mit Gott zu tun hätten.

Christkönig

Wiederkunft und Niederkunft

Wir befinden uns in einer merkwürdigen Zeit. Nach der verschwenderischen Farb-Orgie des Herbstes dominiert in der Natur mit kahlen Ästen und vor Raureif fröstelnden Feldern unübersehbar das Thema Tod. Und dieses Thema dominiert auch an den November-Gedenktagen auf den Friedhöfen und vor den Mahnmalen, in unserem Fühlen und Denken. Es ist nicht mehr ganz Herbst, aber auch noch nicht Winter. Manche empfinden diese Zeit als eine depressiv stimmende Untergangszeit. Ich empfinde sie eher als eine Übergangszeit. – Ich entsinne mich, als kleiner Junge, den Vorbeimarsch der Schützen mit den verschiedensten Spielmannszügen erlebt zu haben. Da marschierte die eine Kapelle mit Pauken und Trompeten, mit Posaunen, Tuba und Schellenbaum heran und verbreitete eine ungehemmte volkstümliche Blasmusik-Üppigkeit. Aber bevor man ihrer überdrüssig wurde, schwoll sie ab und wurde gewissermaßen akustisch unterwandert von Tönen, die zunächst schrill und falsch klangen und von harten Trommelwirbeln begleitet waren. Und dann dominierte der nächste Zug mit Trommeln und Pfeifen, ich hatte mich eingehört und empfand es fast schon als harmonisch. So kommt mir diese Übergangszeit vor, wie wenn die eine dominante Melodie langsam ausklingt und überblendet wird durch die andere, die zaghaft anklingt und aufklingt. – Aber was ist das für ein Übergang? Es ist der Übergang vom einen Kirchenjahr ins andere. Der letzte Sonntag des zu Ende gehenden Kirchenjahres, das Christkönigsfest, ist das Aufleuchten der grandiosen, finalen Bilder des mit Macht und Herrlichkeit wiederkehrenden Christus, des rettenden Richters und des richtenden Retters. Der erste Sonntag des neuen Kirchenjahres, der erste Adventssonntag, beginnt mit einem zaghaften Hoffnungslicht. Es ist wie in den Fenstern der alten gotischen Kathedralen. Der Blick nach Westen, zum Untergang der

Sonne zeigt in glühenden Farben den Christus Pantokrator. Und wendet man sich nach Osten, zum Aufgang der Sonne, dann wird man gefangengenommen von den Bildern der Geburt des Erlösers. Man steht mitten zwischen den Bildern der Niederkunft in diese Geschichte und der Wiederkunft am Ende der Geschichte.

Zwei sehr unterschiedliche inzwischen alt gewordene Zeitgenossen, beide Grenzgänger und mit dem Friedenspreis des Deutschen Buchhandels ausgezeichnet, haben dieses Dazwischen unserer menschlichen Existenz auf je ihre Weise zum Ausdruck gebracht: Der Prior von Taizé, Roger Schutz (* 1915), schreibt: „Den tiefsten Grund der Freude glaube ich bei mir darin zu entdecken, daß ich bereit bin, eines Tages das irdische Leben zu verlassen, um in ein neues Leben hinüberzugehen, das nie enden wird. (...) wissen, daß ich einmal in Frieden meine Augen schließen und Christus begegnen kann, ist für mich Grund zum Fest. Die Zustimmung zum eigenen Tod läßt mich einen Lebensstrom neu entdecken.“ Als Christ kann man das Rinnsaal des eigenen Lebens im Tod versiegen und darin zugleich einen neuen Lebensstrom aufbrechen sehen.

Und der nikaraguanische Lyriker und Priester, Ernesto Cardenal (* 1925), schreibt:

„Obwohl wir Gott nie gesehen haben, sind wir wie die Zugvögel, die an einem fremden Ort geboren, doch eine geheimnisvolle Unruhe empfinden, wenn der Winter naht, eine Sehnsucht nach der frühlingshaften Heimat, die sie nie gesehen haben und zu der sie aufbrechen, ohne zu wissen, wohin.“

Als Christ ist man inmitten aller Beheimatung wie die Zugvögel von einer geheimen Unruhe ergriffen nach einer nie gesehenen Heimat.

Der Dichter Reinhold Schneider (1903-1958), auch er ein Friedenspreisträger, hat die Ambivalenz unseres Daseins so formuliert: „Ein Schimmer des Schöpfungsmorgens liegt auf der Welt und ist nicht auszulöschen, so wie ein Schatten des Untergangs auf ihr liegt. Auf jedem Tag ruht der Abglanz des ersten und des jüngsten Tages: das Bewußtsein der Nähe dieser beiden Tage macht vielleicht

das tiefste Bewußtsein der Zeit und der Geschichte aus."
Christkönig und Advent legen Untergang und Aufgang, Erfüllung und Erwartung, Niederkunft und Wiederkunft ganz nahe beieinander.
So zwielichtig wie unsere Existenz ist diese Zeit. Und so eindeutig zweideutig ist ihre Botschaft: Ergreife die Zeit, du lebst nicht ewig. Und: Laß die Zeit, du lebst ewig. Denn mitten in der sehnsuchtsvollen Erwartung der Zeit sind wir von ihrer Erfüllung nur einen Atemzug weit, den letzten Atemzug, entfernt. Wir sind dem niederkommenden und dem wiederkommenden Herrn der Geschichte ganz nah.

II.

Auf Adel verpflichtet –
auf Adel verzichtet
Spät- und Auslese-Christen

Franz Stock (24. Februar)
Versöhnung – beseligend, heiligend

Viele Menschen sind in den letzten Jahren selig- oder gar heiliggesprochen worden, und manche kirchenoffizielle Bestätigung zweifelhafter Heiligkeit macht nachdenkliche Christen nicht besonders selig. Die wirklichen Heiligen sind vermutlich Menschen, die so beseelt und beseligend gelebt haben, daß sie über die Heiligsprechung erhaben sind. Einer, für dessen Leben das gelten könnte, ist der am 21. September 1904 im sauerländischen Neheim (Arnsberg) geborene Franz Stock. Ein wichtiger Mensch an seinem Lebensweg aber wurde gerade seliggesprochen: Papst Johannes XXIII.- Franz Stock, das älteste von neun Kindern einer Arbeiterfamilie, erfährt seine grundlegende Prägung in Elternhaus, Gymnasium und katholischer Jugendbewegung, im Quickborn. Er beginnt das Theologiestudium in Paderborn und studiert tief bewegt von einem Friedenstreffen (1926) zwischen jungen Deutschen und Franzosen drei Semester beim „Erbfeind" in Paris. In dieser Zeit durchstreift der talentierte Hobbymaler mit Pinsel und Palette die Bretagne und die Provence und ist begeistert von französischer Kultur, Geschichte und Lebensart. 1932 wird er in Paderborn zum Priester geweiht und bereits zwei Jahre später zum Rektor der katholischen deutschen Gemeinde in Paris ernannt. Hier begegnet er nicht nur den deutschen Botschaftsangehörigen und Studenten sondern auch den rassisch und politisch Verfolgten aus Deutschland. Sein Anliegen ist es, den Deutschen Frankreich nahezubringen und den Franzosen Deutschland. All das tut er unter den argwöhnisch wachsamen Augen deutscher Parteistellen in Paris. Mit Kriegsbeginn muß er zwangsweise Paris verlassen, arbeitet seelsorglich in Sachsen und Westfalen, kehrt aber schon im Oktober 1940 als Pfarrer nach Paris zurück. Seine Gemeinde ist jetzt eine völlig veränderte, sie besteht im wesentlichen aus Militärbediensteten. Die Militärbehörde ernennt ihn zum Standortpfarrer im Nebenamt und überträgt ihm die Seelsorge an den Häftlingen in den Wehrmachtsgefängnissen Fresnes, Cherche Midi und La Santé.

Damit ist er Seelsorger für gefangene französische Widerstandskämpfer, Juden und andere politische Häftlinge. Er steht zwischen den Fronten: Den Franzosen ist er als „deutscher Besatzer“ verdächtig, den Nationalsozialisten als Pfaffe und Franzosenfreund. Hitler erklärt am 16. September 1941 die inhaftierten Franzosen zu Geiseln, die ohne Gerichtsurteil bei Sabotageakten und Attentaten zur Vergeltung erschossen werden können. Von jetzt an begleitet Abbé Stock, wie er genannt wird, ungezählte Menschen auf ihrem letzten Weg zur Hinrichtungsstätte auf dem Mont Valérien. Ihre letzten Habseligkeiten und Abschiedsbriefe überstellt er treuhänderisch an die Angehörigen und Freunde. Selbst unter Bewachung murmelt er zwischen dem Gebet in den Todeszellen Nachrichten von den Familien. Es gelingt ihm durch Intervention bei deutschen Dienststellen, Exekutionen auszusetzen. Zahllose Nächte steht er betend mit den Todgeweihten durch, bis sie ihren letzten Weg gehen können. Mehr als 2.000 Menschen muß er zur Hinrichtung begleiten; erschütternd sind seine kargen Aufzeichnungen. Es ist mehr als ein Mensch ertragen kann. Als die Alliierten Paris besetzen, wird Franz Stock selbst zum Kriegsgefangenen. Als solcher erhält er 1945 den Auftrag, als Regens ein „Priesterseminar hinter dem Stacheldraht“ für deutsche kriegsgefangene Theologen aufzubauen. Zunächst ist es in Orléans, dann in Chartres und mit über 500 Studenten riesig. Aber es fehlt an allem, an Dozenten, Lebensmitteln, Büchern und Heizmaterial. Hier besucht und unterstützt ihn Nuntius Roncalli, der spätere Papst Johannes XXIII. und weiht einige Seminaristen. Als am 5. Juni 1947 das Seminar aufgelöst wird, bleibt Franz Stock, um die Seelsorge der Deutschen in Paris neu aufzubauen. Das letzte Bild, das sich den Seminaristen einprägt, war der ihnen vom Lagertor nachwinkende Regens. Es war das letzte Bild von ihm. Die Universität Freiburg ernennt ihn am 16. Dezember 1947 noch zum Ehrendoktor. Am 24. Februar 1948 stirbt er, der Tausenden das letzte Geleit gegeben hat, einsam und schon mit 43 Jahren aufgebraucht in einem Pariser Krankenhaus. In einem Massengrab und fast unter Ausschluß der Öffentlichkeit wird der „Kriegsfeind“ beigesetzt. Nuntius Roncalli aber nimmt die Einsegnung des Toten vor. Zwei Jahre später wird er auf Veranlassung französischer Freunde in ein Einzelgrab umgebettet und 1961 in der neuen Kirche St. Jean Baptiste in Chartres beigesetzt. Abbé Franz Stock war beseelt von der Versöhnung zwischen Deutschen und Franzosen und von der Versöhnung zwischen der heillosen Menschheit und dem heilschaffenden, heilmachenden und heiligenden Gott.

Meister Eckhart (??. März)
Mystischer Häretiker – häretischer Mystiker?

Wer eine Wanderung durch das Reich der Ideen unternimmt, stößt immer wieder auf besondere Menschen. Einer davon ist Meister Eckhart. Weder Geburtsdatum, noch Geburtsort, weder Sterbedatum noch Sterbeort kennen wir von ihm. So tritt er aus dem Dunkel der Geschichte, wirft ein helles Licht in die Zeit und verschwindet wieder im Dunkel der Geschichte. Vor 1260 ist er vermutlich im thüringischen Hochheim geboren. Mit ca. 18 Jahren wird er Dominikaner, absolviert ein philosophisches Vorstudium und dann das theologische Hauptstudium in Köln. Mehrfach wirkt er an der Pariser Universität als Student, Bakkalaureus, Magister und Professor. Dazwischen aber und die meiste Zeit wirkt er in seinem Orden, als Prior in Erfurt, als Provinzialoberer der Saxonia (heutiges Holland und Nordwestdeutschland), als Stellvertreter des Ordensgenerals in Straßburg und als Leiter des Generalstudiums in Köln. Auf wochenlangen Fußmärschen zwischen Piacenca und Köln, Toulouse und Paris, Hamburg und Straßburg versieht er diese Aufgaben. Ein Ordensfunktionär könnte uns heute nichtssagend erscheinen, wäre nicht das, was er in diesen Funktionen zu sagen hatte, so außerordentlich, so zeitübergreifend und vielsagend gewesen. Als wichtigste Tugend stellt er den Gehorsam heraus. (Bei wem jetzt die innere Alarmanlage anspringt, der lese trotzdem weiter.) Eckhart versteht darunter nicht hackenschlagendes Männchen-Machen vor kirchlichen und weltlichen Oberen, sondern das nachdrückliche Hinhören auf Gott. Ihm, Gott, ist zuerst und zuletzt Gehorsam geschuldet. Und darin liegt für jeden Menschen der Ausgangspunkt seiner je eigenen Geschichte mit Gott. Der Gehorsam, das Hinhören auf Gott, führt den Menschen in eine tiefe Abgeschiedenheit, in der er, durch nichts und niemanden vertretbar, mit sich selbst und mit Gott konfrontiert ist. Hier macht er die erschreckende Erfahrung seiner eigenen Nichtigkeit und Leere und zugleich die beglückende Erfahrung einer Fülle Gottes, die ihn innerlich umgestaltet. Den Vorgang, in dem der Mensch das Festhalten am raumzeitlichen Ego aufgibt und sich mit seiner ganzen Existenz Gott übergibt, nennt Eckhart „Gottesgeburt in der Seele". Das ist nicht der Tiefstand, sondern die Hochform der Vernunft, nicht das Ab- oder gar Ausblenden, sondern das Aufblenden des Lichtes der Vernunft. Eckhart meint: „Gott ist das Erkennen selbst." Das Laterankonzil von 1215 hat einige Jahrzehnte vor Eckhart so formuliert: „Zwischen dem Schöpfer und dem Geschöpf kann man keine so große Ähnlichkeit feststellen, daß zwischen ihnen keine noch größere Unähnlichkeit festzustellen wäre." Was immer und wie immer wir von Gott reden, es bleibt eine unangemessene Stammelei und Stümperei. Eckhart verschärft das nochmals und gibt so dem biblischen Bilderverbot von Gott die denkbar radikalste Interpretation: „Wenn du Gott liebst, wie er Gott ist, wie er Geist ist, wie er Person ist, wie er Bild ist, – es muß alles weg ... Du sollst ihn lieben, wie er ist, ein Nichtgott, ein Nichtgeist, eine Nichtperson, ein Nichtbild; mehr noch: wie er ein lauteres, reines, klares Eines ist, gesondert von aller Zweiheit, und in diesem Einen sollen wir ewiglich versinken von Nichts zu Nichts." Und in kaum zu überbietender Pointierung: „Das Höchste und das Nächste, was der Mensch lassen kann, das ist, daß er Gott lasse wegen Gott." Zugleich weiß er: „Alle Kreaturen sind ein Sprechen Gottes ... Sie haben alle ein Rufen, wieder dahinein zu kommen, daraus sie geflossen sind. All ihr Leben und ihr Wesen, das ist ein Rufen und ein Eilen wieder zu dem, von dem sie ausgegangen sind." „Gott ist allen Dingen inniger, als sie sich selber sind." Der Kölner Bischof Heinrich II. puhlt 108 Sätze aus dem Werk Eckharts und hängt ihm ein Inquisitionsverfahren an. Eckhart appelliert an Papst Johannes XXII., der in Avignon residiert und ihn einbestellt. So macht sich Eckhart, inzwischen fast siebzigjährig, auf die letzte Wanderung seines Lebens nach Avignon. Wir wissen nicht, ob er dort ankam. Im „französischen Vatikan“ urteilt man milder als im heiligen Köln und beanstandet nur 28 Sätze seines Werkes. (Nach Meinung vieler Religionsphilosophen ist die Verurteilung nicht so sehr ein Zeugnis für den Unglauben des Verurteilten als viel mehr ein Zeugnis für den Unverstand der Verurteiler.) Die mit der Bulle vom 27. 2. 1329 ausgesprochene Verurteilung, erreicht Eckhart nicht mehr. Er ist vor April 1328 bereits tot. Weder ein Scheiterhaufen noch eine Heiligsprechung liefern uns einen Gedenktag für Eckhart. So ist jeder Tag geeignet, im Lesen seines Werkes nachdenklich zu werden über Gott, und darüber, daß man in ein und demselben damals einen Häretiker und heute einen Mystiker sieht.

Oskar Arnulfo Romero (24. März)
Firm-vollendet

Können Sie sich an Ihre Firmung oder Konfirmation erinnern? Hatte sie nennenswerte Folgen in Ihrem Leben? – Ich möchte Ihnen erzählen, wie ein schon in Ehren ergrauter Geistlicher sich endlich auf den Geist Gottes einließ und in tieferem Sinne ein Geistlicher wurde: Oskar Arnulfo Romero. Am 24. 3. ist gerade sein Todestag. Er wurde 1917 in El Salvador geboren, absolvierte erfolgreich ein Studium an der römischen Gregoriana, erklomm im Eiltempo die kirchliche Karriereleiter und wurde schließlich Bischof des Bistums Santiago de Maria. In seinem Amt ließ er sich von Militärs beraten und fällte, gestützt auf seine große Bibliothek, einsame und die Masse der armen Landarbeiter außer Acht lassende Entscheidungen. Er war realitätsfern und linientreu zugleich. Es heißt, er sei wegen seiner Linientreue schließlich Erzbischof in der Hauptstadt

San Salvador geworden, und zwar mit dem ausdrücklichen Auftrag, unter den kritischen Priestern seines Bistums endlich aufzuräumen. Aber dann mußte er erleben, wie die Nationalgarde von El Salvador unter Tausenden von Menschen, die gegen eine Wahlmanipulation demonstrierten, ein blutiges Massaker veranstaltete. Die aus Angst in die Kathedrale geflohenen Demonstranten wurden mit Gas ausgeräuchert. Drei Missionare, Belgier und US-Amerikaner, wurden schwer gefoltert und dann des Landes verwiesen. Ein Jesuit wurde von Polizei-MPs in seinem Auto durchsiebt. Mit ihm starb im gleichen Wagen der 70jährige Küster und ein 15jähriger Meßdiener. Der Pater hatte gegen soziale Ungerechtigkeit gepredigt und geäußert: er sehe seine priesterliche Aufgabe nicht darin, Christus mit einem Maulkorb vor dem Mund in einer Sänfte spazieren zu tragen. Ein weiterer Pfarrer wurde Opfer eines Bombenanschlags, ein anderer fand bei der Folterung den Tod. Ihre Verbrechen: Predigten gegen die soziale Ungerechtigkeit im Land. In der Kirche eines ermordeten Pfarrers richtete die Nationalgarde ihr Hauptquartier zur politischen Säuberung unter den Mitgliedern der Gemeinde ein. Der Tabernakel diente als Zielscheibe, geweihte Hostien wurden zertreten und der einschreitende Küster vom Kirchturm gestürzt. Romero bezeichnete dies Erlebnis als seine Bekehrung. Der Kirchenfunktionär funktionierte sein Bischofs-Palais um zur Bischofs-Cafeteria, einem Treffpunkt für Journalisten und Landarbeiter, Professoren und Arbeitslose, Studenten und Hausfrauen. Notleidende und Orientierungslose aller Art fanden hier eine offene Tür, ein offenes Ohr und eine offene Hand. Romero baute eine katholische Radiostation und die Wochenzeitung „Orientacion" aus, um über Ausbeutung, Korruption und Verfolgung landesweit zu informieren, um den Glauben zu verbreiten. Man sprengte kurzerhand seinen Sender in die Luft und erschoß einen Mitarbeiter und vier Jugendliche, Teilnehmer an einem Exerzitienkurs. Romero gründete ein Rechtshilfebüro, um Arme kostenlos vor Gericht vertreten zu lassen. Daraufhin beschoß man nachts seine Wohnung. 72 Dynamitstäbe konnten noch rechtzeitig aus der Kathedrale entfernt werden, die sonst wie kurz zuvor die ganze Jesuitenuniversität, in die Luft geflogen wäre. Als die Bevölkerung dutzendweise Verstümmelte und Getötete in die Kathedrale schleppte, forderte Romero die Nationalgardisten zur Befehlsverweigerung aus Gewissensgründen auf. Das war des Guten zuviel. Man setzte ihn auf die schwarze Liste. Romero wußte das, ließ sich aber davon in seinem Tun nicht beirren. Am 24. März 1980 feierte er im Krankenhaus von San Salvador eine Totenmesse; es sollte sein eigenes Requiem werden. Die Worte seiner letzten Predigt zeugen noch von seiner geistgewirkten Standfestigkeit und Unbeirrbarkeit im Glauben: „Die Ernte setzt Sterben voraus ... Wir wissen, daß niemand für immer stirbt und daß diejenigen, die ihre Aufgabe mit tiefem Glauben, mit Hoffnung und Liebe erfüllt haben, die Krone erhalten ...“ Da brach die Predigt ab, weil ihn Dumdumgeschosse in Kopf und Herz trafen. Seine Mörder entkamen unerkannt. Gewiß hatte er schon Hunderte gefirmt und doch mußte er 60 Jahre alt werden, bis seine eigene Firmung Folgen zeitigte. Drei Jahre blieben ihm nur mit der Führung des Geistes Gottes; und die stellten alles Frühere in den Schatten. Solche vorgelebte Ermutigung brauchen wir, ganz gleich, ob wir erst 16 oder schon 60 Jahre alt sind. Der Geist Gottes holt uns aus unserer Verschanzung hinter den verrammelten Türen bürgerlicher Absicherung weg. Was wir dazu brauchen, daß unser Christentum folgenreich und erfolgreich wird, haben wir in Taufe und Firmung empfangen: Gottes Geist. Und auf den läßt sich ein schönes Wort von Angelus Silesius beziehen: „Mensch, alles was du willst, ist schon zuvor in dir, / Es liegt nur an dem, daß du's nicht wirkst herfür.“

Florian (4. Mai)
Heiliger St. Florian ...

Um 1980 und ungefähr ein Jahrzehnt lang war der Name Florian einer der am häufigsten gewählten männlichen Vornamen. Vielleicht sollte ich besser sagen: Damals stand der Name in Blüte; denn Florian bedeutet soviel wie

der Blühende. Am 4. Mai feiert die Kirche seinen Gedenktag.
Dargestellt wird Florian mit römischer Offizierstracht, mit Helm und Fahne und einem Löscheimer, den er über einem brennenden Haus entleert. Und genau so steht er vor mir in Gestalt einer Figur, die mir der Löschzug des Dorfes bei meiner Verabschiedung als Pfarrer schenkte. Denn Florian ist der Patron der Feuerwehrleute.
Er soll Mitte des 3. Jahrhunderts im heutigen Zeiselmauer bei Wien geboren worden und römischer Soldat gewesen sein. Sicher ist, daß er später ein ziemlich hoher Beamter, nämlich Kanzleivorsteher des Statthalters der römischen Provinz Ufernoricum war. Florian war bereits im Ruhestand und lebte in Cetium, dem heutigen St. Pölten, als die Diokletianische Christenverfolgung begann. In deren Gefolge wurden zahlreiche Christen in Lauriacum, dem heutigen Lorch an der Enns, unter üblen Bedingungen inhaftiert.
Florian wollte ihnen beistehen und wurde dabei selbst als Christ kenntlich. Da er sich nicht zum damals üblichen Gott-Kaiser-Kult bereit fand, wurde er vom Statthalter Aquilinus im Jahr 304 zum Tode verurteilt und in der Enns ertränkt. Viele ausschmückende Legenden ranken sich um seinen Tod. In St. Florian bei Linz soll seine Grablege sein, aber auch in Krakau behauptet man, Reliquien von ihm zu besitzen. Wenn der angebliche Besitz seiner Knochen in Linz wie Krakau dazu führt, auch in seinem Geist zu handeln, dann kann es gleich sein, wer welche Knochen von ihm hat.
Als ich vor Jahren zu einem Sonntagsgottesdienst in ein Biwak der Floriansjünger geladen war, blieb wohl wegen zu intensiver Löscharbeiten beim nächtlichen Faßbier ein Feuerwehrmann auf seiner Matte liegen. Wir hätten auch ohne ihn beten können. Doch ich entsinne mich, daß der Löschzugführer an das Lager des Kranken, der da in seinem Essig lag, herantrat und ziemlich barsch an das Leitwort erinnerte: „'Gott zur Ehr, dem Nächsten zur Wehr.' Wer beim Ersten nachlässig ist, vernachlässigt bald auch das Zweite." Und dann wurde ich Zeuge eines 'Heilungswunders'.

Ein Obdachloser, der einige Jahre lang in meinem Keller wohnte, verließ irgendwann nachts trotz brennender Kerzen das Haus, um sich an der Tankstelle mit Löschmitteln zu versorgen. Noch bevor er wieder zurück war, stand sein Kellerraum in Flammen. Ein im Haus wohnender Kollege roch gottlob rechtzeitig den Brand und alarmierte die Feuerwehr. Die Floriansjünger waren schnell zur Stelle und löschten den Brand. Wir waren in großer Gefahr gewesen; denn der Brandherd lag unter der hölzernen Hausflurtreppe, dem einzigen Fluchtweg. Und die wäre vielleicht mit uns lichterloh abgefackelt. – Der heilige Florian, der den Tod im Wasser fand, wird bei zu wenig Wasser, z. B. bei Feuersbrünsten, und bei zu viel Wasser, z. B. bei Überschwemmungen, angerufen. In unserer Gesellschaft erfreut sich eher das fälschlich so genannte Floriansprinzip großer Beliebtheit: „Heiliger St. Florian, verschon mein Haus, zünd andere an." Und dabei ist Florian ein Mahner und meine Floriansfigur eigentlich ein Mahnmal gegen jedwedes Floriansprinzip.
Florian, der Blühende, läßt sich als Rentner und Ruheständler zu seinem lebensgefährlichen Werk der Menschlichkeit an den Todgeweihten bewegen. Das sagt mir, es gibt nicht nur Frühblüher, sondern auch Spätblüher in Gottes Paradiesgarten. An ihm kann man sehen, daß man sich angesichts der Unmenschlichkeit in der Welt damals und heute nicht einfach zur Ruhe setzen, die Dinge laufen lassen und seine Pension verzehren darf.
Die Florian-Statue steht zwischen den Blumen auf meiner Fensterbank und ist mir nicht nur eine liebe Erinnerung an den Löschzug, sondern auch Erinnerung daran, daß meine Blumen wieder einmal dringend Wasser brauchen. Und manchmal erinnert sie mich daran, daß auch mein Christsein einer Auffrischung bedarf, damit es wenigstens nicht schlapp macht, und vielleicht sogar noch vor der Pension zur (späten) Blüte kommt.

Augustin von Canterbury (27. Mai)
Geistliche Thermik

Am 27. Mai feiert die Kirche das Fest des hl. Augustinus von Canterbury. Mit diesem Herrn fühle ich mich, und zwar in Sachen Defätismus, seit meiner Priesterweihe sehr verbunden. Seit vielen Jahren sind im Bistum Münster die Priesterweihen am Pfingstsonntag, das war in meinem Jahrgang der 25. Mai. Die Zeit vorher war gefüllt mit praktisch-theologischen Ausbildungsinhalten, liturgischen Übungen, Festvorbereitungen, Einladungen zur Weihe, Primizvorbereitungen, Bestellen der Gaststätte etc. Und manche Kurskollegen waren beim Aussuchen von Kelchen, Schalen und Meßgewändern auch von der Stick-, Strick- und Häkelwut werdender Mütter nicht mehr zu überbieten. Ich fand das alles so schrecklich, daß ich mich auf ein Minimalprogramm ohne Kelch, Schale und Meßgewänder beschränkte; denn die gibt's schließlich in jeder Gemeinde zuhauf. Und dann traf, wie eine Flasche Kognac die Fettleber, gerade mich in den Weiheexerzitien das Los, nach der Priesterweihe und der Primiz am 27. Mai auch noch den Abschiedsgottesdienst im Priesterseminar halten zu sollen, vor den Ausbildern, den Ordensschwestern, dem Regens und Spiritual und vor 17 feixenden Kurskollegen. Mein lieber erster Pfarrer hatte mal gesagt: „Vor Kurskollegen zu predigen, läuft auf dasselbe hinaus wie ins Meer zu pinkeln. Es ist buchstäblich überflüssig, und man findet nichts davon wieder." Schließlich nahm all das seinen Lauf: Gewaltige Weihe- und Primizliturgien, ansprechende, unaussprechliche und abgesprochene Ansprachen, aufgelegte Hände und niedergelegte Geschenke, hochgespannte Erwartungen an abgespannte Gesichter, Segenswünsche aus allen und Primizsegen in alle Himmelsrichtungen etc. Im Blick auf die eigenen Fähigkeiten und die fremden Erwartungen konnte einem himmelangst werden. Doch dann stieß ich in all diesem überfordernden Festtagstrubel auf den Hl. Augustin von Canterbury. Der wurde 596 von Papst Gregor dem Großen mit einer Gruppe von 40 Mönchen zur Angelsachsenmission nach Britannien geschickt. Wohlgemerkt: Es handelte sich bei dieser Gruppe von Mönchen nicht um den Ausflug einer beschützenden Werkstatt oder eine Kaffeefahrt für Senioren, sondern um junge Männer mit einer Welt-Mission. Während sie noch durch Gallien wanderten, wurde Augustin (aus Motivationsgründen?) zum Abt erhoben. Unterwegs hörten sie aber auch allerlei Grausames über die Wildheit der Angelsachsen. Und noch gänzlich ohne „Feindberührung" hatte die ganze Bande derart die Hosen voll, daß sie nach Rom zurückkehrte. Eine derartige Feigheit zuzugeben, erfordert schon fast wieder Mut. Als ich beim Verabschiedungsgottesdienst in Abwandlung des Primizsegens der Seminargemeinde den Segen des schlappen Augustin von Canterbury wünschte, kam der Kirchengeschichtsprofessor hinter mir her in die Sakristei und meinte: „But the pope forced him to go again, and he went!" Recht hatte er, der Professor, und Papst Gregor sowieso, schon weil er die Parole ausgab: „Wer einen hohen Berg ersteigen will, muß schrittweise gehen, nicht sprungweise." Immerhin hat Augustin von Canterbury seinen Beinamen nur erhalten, weil er schließlich doch Canterbury erreicht und dort als Erzbischof unter König Ethelbert von Kent und der Königin Berta, einer fränkischen Prinzessin, eine lebendige Missionsarbeit begonnen hat. Am 26. 5. des Jahres 604 oder 609 starb Augustin von Canterbury. Manche Forscher stellen ihn als Kleingeist dar, der durch Hochmut eine Einigung zwischen Briten und Angelsachsen unnötig verspielt habe. Gesetzt den Fall, das stimmte, dann wäre zu konstatieren: Der Feigling und Kleingeist, dem kaum 10 Jahre Wirkungszeit zugebilligt waren, wußte eine derart widerborstige Bande wie die Angelsachsen zu missionieren und wurde dabei überdies ein Heiliger. Wir feiern sein Fest im Windschatten von Pfingsten. Zu welchen Leistungen müßten dann erst wir fähig sein, wenn wir nur halb so kleingeistig und feige und mit der doppelten Lebenserwartung ausgestattet ans Werk gingen. Irgendein königlich veranlagter Ethelbert nebst Berta hilft ganz gewiß auch uns durch die Täler relativer Mutlosigkeit. Nicht auszudenken, was möglich wäre, wenn nicht nur wir Seelsorger, sondern wir Christen insgesamt uns nicht weiter in den Windschatten von Pfingsten duckten. Wir müssen statt der kalten Fallwinde des Defätismus einfach nur den warmen Aufwind von Pfingsten an uns wirken lassen. So erinnert und ermutigt mich seit meiner Priesterweihe der schlappe Augustin von Canterbury aus dem Windschatten von Pfingsten herauszutreten und die Segel meiner Fähigkeiten und Unfähigkeiten so zu positionieren, daß Gottes Geist sie erfassen und mich vorwärts und aufwärts tragen kann. Und eine derartige geistliche Thermik wünsche ich auch Ihnen.

Aloysius von Gonzaga (21. Juni)
Milchbubi?

Jünglingsvereine trugen noch vor wenigen Jahrzehnten stolz die Fahne mit einem Bildnis eines bleichen, edel gewandeten Jünglings, der zumeist die Attribute Kreuz, Totenkopf und Lilie mit sich führte. Aloysius von Gonzaga hieß der ernst blickende junge Mann. – Geboren wird er 1568 in Castiglione delle Stiviere bei Mantua als ältester Sohn des Marchese Ferrante. Sein Vater Ferdinand, ein militärisches Raubein, ist Oberbefehlshaber der spanischen Truppen in Italien. Er vertraut seine Söhne, den achtjährigen Aloysius und seinen kleineren Bruder Rudolf, den üppigen Medici in Florenz als Pagen an. Hier lernt Aloysius die sinn- und substanzlose Hohlheit hinter den Schaufassaden einer Selbstvergnügungsgesellschaft kennen, und hier legte der erst zehnjährige 1578 wie im inneren Widerstand das Gelübde der Jungfräulichkeit ab. Von 1581 bis 83 ist er dann Page am Hof König Philipps II. von Spanien, für Karrieristen ist das damals die allererste Adresse in Europa. Aber ihn interessiert offenbar nichts weniger als eine Karriere bei Hofe, statt dessen widmet er sich ernsthaft philosophischen und mathematischen Studien. 1583, also 15jährig, entschließt er sich, in den damals noch sehr jungen Jesuitenorden einzutreten. Sein Vater, der wohl geglaubt hatte, seinen ältesten Sohn durch die Einführung in höfisches Leben für die Erbfolge und politischen Ämterehrgeiz präparieren zu können, widersetzt sich mit Entschiedenheit zwei Jahre lang den Absichten des Sohnes. 1585 aber erklärt Aloysius schriftlich seinen Verzicht auf das elterliche Erbe zugunsten seines jüngeren Bruders Rudolf und beginnt mit dem Noviziat bei den Jesuiten in Rom. Angesichts der uns unverständlich gewordenen Bußstrenge und Selbstkasteiung würden wir heute wohl die Konsultation eines Psychotherapeuten empfehlen. Und sind nicht seine Kopfschmerzen, Magenproblemen und Schlaflosigkeit dienlich zur Selbstbestätigung unserer eigenen Behaglichkeit? Wie wir aus seinen Briefen und von seinem seelsorglichen Begleiter Robert Bellarmin wissen, ist er mit großem Ernst und existentiellen Tiefgang bei der Sache. Nur noch einmal, 1589/90, weilt Aloysius in der Heimat, und zwar auf Ersuchen seiner Familie. Zwischen seinem Vater und dem Herzog von Mantua war es zu einem heftigen Streit um den Besitz von Solferino gekommen. All das hatte überdies zu tun mit Eheproblemen seines Bruders. Hier soll Aloysius vermitteln, und er schafft es in monatelanger Kleinarbeit mit zäher Geduld und strategischer Klugheit. Zur Fortsetzung seiner Studien kehrt er nach Rom zurück. Als 1591 die Pest ausbricht, erbittet er sich die Freistellung vom Studium zur Pflege der Kranken. Im März erkrankt er selbst und stirbt, erst 23jährig, am 21. Juni 1591. 1605 selig- und 1726 heiliggesprochen hat man ihn ab 1729 zum Patron der studierenden Jugend erhoben, die heute von seiner Existenz nichts mehr weiß.

Wenn ich hier auf Aloysius zu sprechen komme, dann nicht um seine zweihundertjährige innerkirchliche Versüßlichung und Verkitschung zu rehabilitieren. Etwas anderes wird mir an seinem mit großer Entschiedenheit gelebten Leben deutlich: Vielleicht gibt es Zeiten, in denen es darauf ankommt, sich der unreflektiert und daher geschwulstartig wuchernden Plausibilität einer Zeit zu verweigern. Da bedarf es der im wahrsten Sinne notwendigen Extremisten gegen die geistige Gleichschaltung, da bedarf es der Selbstverweigerung. Und es ist dann gleichgültig, ob es sich um den Kult exzessiver Leiblichkeit und Trieborientierung, um den Götzendienst tyrannischer Nationalismen oder die Monopolisierung der totalen Bedürfnisbefriedi-

gungsgesellschaft handelt. (Wo freilich wie in der Kirche des vorigen und der ersten Hälfte dieses Jahrhunderts eine solch entschiedene Anti-Gestalt wie Aloysius instrumentalisiert wird zum Verfechter sexueller Prüderie, auch da bedarf es der Verweigerung.)
Mir scheint der Blick auf den ernsten, fremden und entschiedenen Aloysius ist einer Generation anzuraten, die sich fernsteuern läßt von einer Individualität sagenden und marktförmige Gleichschaltung meinenden Unterhaltungsindustrie. Wo das Leben, wie man neudeutsch so unschön sagt, organisiert wird als „big event“ und als lebenslängliche „Love-Parade", da bedarf es solcher, die Hohlheit unserer Zeit durchschauenden Kontrastgestalten wie Aloysius. Der stunden- und tagelangen Äußerlichkeit seiner Zeit setzte er die tage- und stundenlange Innerlichkeit von Gebet, Studium und hingebungsvoller Krankenpflege entgegen. Was setzen wir, um unsert- und um Gottes willen, der wochen-, monate- und jahrelangen Äußerlichkeit unserer Zeit entgegen?

Ulrich von Augsburg (4. Juli)
Exzellenzen und andere Proleten

Bischöfe, hochrangige Vertreter im diplomatischen Corps und Minister werden Exzellenz genannt, auch wenn sie nie etwas zuwege gebracht haben, was man exzellent nennen könnte. Exzellenz heißt soviel wie „Erhabenheit“ oder „Vortrefflichkeit“. Bei Kardinälen spricht man gar von Eminenz, was soviel bedeutet wie „Hoheit“. Kirchliche unterscheiden sich von grauen Eminenzen oft nicht durch die Art ihres Arbeitsstils, wohl aber durch die Signalfarbe ihres Dienstanzugs. Dekane an Hochschulen werden Spektabilität genannt, was soviel bedeutet wie „Ansehnlichkeit“. Für den Papst (man sollte das dringend, und ersatzlos streichen!) wird der Titel „Heiligkeit“ selbst dann benutzt, wenn alles darauf hindeutet, daß Heiligkeit nicht gerade zu den exzellenten oder eminenten Eigenschaften des betreffen-

den Amtsträgers gehört. Manch einer vermutet, da bleibe als Steigerung nur noch: „O Gott, o Gott“.
Am 4. Juli ist nun das Fest dessen, der im Jahre 993 als erster nach einem entsprechenden gründlichen Verfahren durch Papst Johannes XV. heiliggesprochen wurde: Ulrich von Augsburg. Vorher approbierte auch die allgemeine Volksverehrung die Heiligen. Nach Alexander III. (1159-1181) erfolgte die päpstliche Reservation der Heiligsprechung. Aber die Bischöfe wollten auch mitmischen und approbierten weiter. Daraus entstand die 2. Liga im Himmel, deren Mitglieder „beatus“ genannt wurden, Selige. Die vom Papst approbierten hingegen, gewissermaßen die Vertreter der 1. Liga, wurden „sanctus“ genannt, Heilige. Zusammen produzierten Papst und Bischöfe durch ihre Uneinigkeit noch eine Zweiklassengesellschaft für den Himmel. Und das sollte himmlisch sein? Nach 1588 wurde beginnend mit Sixtus V. ein päpstliches Vorbehaltsrecht für Selig- und Heiligsprechungen durchgesetzt. Ab Urban VIII. (1623-1644) war schließlich nicht mehr die Heiligsprechung des Verehrten, sondern nur noch Verehrung der Heiliggesprochenen erlaubt. Es gab (und gibt) bestimmte Moden und kirchenpolitische Vorlieben in Sachen Bewunderung und Verehrung, die eher mit Heiligsprechung honoriert werden als andere. Wir sind halt alle Kinder je unserer Zeit. – Aber was soll das Ganze? Legt hier eine anmaßende Institution noch für den Herrgott fest, wen er in seinen Himmel aufzunehmen hat und wen nicht? Oder klopft sich die Kirche hier nur selbst auf die Schulter? Ist die Erhebung zur Ehre der Altäre nur die formaljuristisch legitimierte Selbstbeweihräucherung einer Institution? Und kopfschüttelnd haben nicht nur Nicht-Katholiken konstatiert, daß Papst Johannes Paul II. (seit 1978) den numerus clausus für Heiligkeit offenbar gelockert und mehr Menschen heilig- und seliggesprochen hat als die Päpste in 1000 Jahren vor ihm zusammen. Sind wir, verglichen mit früheren Jahrhunderten, so exzellent, so eminent, so respektabel heiligmäßig? Wohl kaum! Ist das also eine Inflation der Heiligkeit, ist das Heiligkeit zu herabgesetzten Preisen, holiness light? Dann sollten wir sie uns und der Kirche ersparen. Oder ist das die Erin-

nerung daran, daß nicht nur ein paar heroische Tugendspezialisten sondern wir alle zur Heiligkeit berufen sind, daß Heiligkeit also kein Sechser im Lotto der Christenheit ist, der alle Jubeljahre auftritt? Ist das die Erinnerung daran, daß Heiligkeit etwas Alltägliches, daß sie an der Tagesordnung ist in der Kirche, die nach dem Willen ihres Gründers eine heilige sein soll und sich wenigstens dann und wann und in der Gestalt dieses oder jenes Menschen auch darum bemüht? Manche Heiligen mögen nach unserem Dafürhalten eher mäßig heilig als heiligmäßig, eher sonderbare Heilige oder sogar nur Scheinheilige mit Heiligenschein sein. Und gewiß haben sogar die Saubersten unter ihnen noch Dreck am Stecken.
Das Fest des ersten heiliggesprochenen und nicht schöngeredeten Menschen erinnert mich aus begreiflichen Gründen daran, daß gegen einen Heiligen oder eine Heilige alle hosenbandbeordeten, bundesverdienstbekreuzten, ehrenbemitgliedeten, bischofsberingten oder doktorbehüteten Eminenzen, Exzellenzen und Spektabilitäten peinliche Wichtigtuer sind gegen die, die das wirklich Wichtige tun: Leben für das Wohl und das Heil der Menschen bei Gott. Und das können der Straßenbahnschaffner und die Lebensmittelverkäuferin genausogut wie der Ordensbruder und die Betschwester. – Das Ziel unserer Existenz heißt nicht „Zum Wohl“ beim Bankett der sich besser Dünkenden von eigenen Gnaden, sondern „Zum Heil“ beim himmlischen Mahl der Sünder von Gottes Gnaden.

Nikolaus von Kues (11. August)
Einheit der Gegen-Sätze

Am 11. August ist der Todestag eines Mannes, den man auch den Pförtner der Neuzeit genannt hat, Nikolaus von Kues. Er wird 1401 als Nikolaus Krebs, Sohn eines Moselschiffers und Kaufmanns, in Kues geboren. Seine erste Ausbildung erhält er wohl bei den Fraterherren in Deventer. In den Jahren 1416/17 studiert er die 7 freien Künste in Heidelberg, wo er sich Nikolaus von Kues nennt. Von 1417 bis 1423 ist er in Padua und studiert Mathematik, Naturwissenschaften und Philosophie, besonders aber Kirchenrecht, was er 22jährig mit der Promotion abschließt. Kurz ist er Sekretär des Trierer Erzbischofs Otto von Ziegenhain, aber schon 1225 studiert er wieder, diesmal Theologie in Köln. Zugleich ist er als Rechtswissenschaftler tätig und macht sich mit rechtshistorischen Arbeiten einen Namen in Fachkreisen. Er entlarvt, ein schwerer Schlag gegen päpstliche Gebietsansprüche, mit Lorenzo Valla die sogenannte Konstantinische Schenkung als Fälschung. Berufungen als Kirchenrechtler an die Universität Löwen (1428, 1435) lehnt er ab, läßt sich aber 1430 zum Priester weihen. Im Zusammenhang mit einem Rechtsstreit wirkt er 1431 auf dem Konzil zu Basel und nimmt dort im Sinne einer Konsensfindung Stellung zu den kirchenpolitischen Auseinandersetzungen. Als er den Bruch zwischen der Mehrheit der Bischöfe und Papst Eugen IV. nicht verhindern kann, stellt er sich auf die Seite des Papstes. In dessen Auftrag ist Nikolaus 1437/38 als Diplomat in Konstantinopel, um über die Wiedervereinigung der Ost- und Westkirche zu verhandeln. Er ist erfolgreich und erreicht die Unterzeichnung des Unionsdekretes von Ferrara. Hier hätte die Spaltung zwischen griechisch-orthodoxer und katholischer Kirche ihr Ende finden können. Aber wegen der Eroberung Konstantinopels durch die Türken (1453) und die spätere Kirchenspaltung im Westen bleibt dies wichtige Konsensdokument fast bedeutungslos. Als 1439 zu Eugen IV. mit Felix V. (Rücktritt 1449) ein Gegenpapst gewählt wird, gelingt Nikolaus die Beilegung des Konflikts. Zum Dank wird er 1448 zum Kardinal ernannt und erhält die Titelkirche San Pietro in Vincoli. 1450 zum Bischof von Brixen ernannt, scheitert er bei der Durchsetzung seiner Reformen an den weltlichen Landesherren und seinen eigenen Priestern. Von 1458 an lebt er dann wieder als mit der Kirchenreform betrauter Kurienkardinal in Rom. 1459 ist er Generalvikar des abwesenden Papstes und Stellvertreter für die Verwaltung Roms und des Kirchenstaates. Auf einer Visitationsreise 1464 stirbt er im umbrischen Todi, drei Tage vor seinem Freund En-

nea Silvio, dem Papst Pius II. Trotz der Fülle administrativer und diplomatischer Aufgaben, die Nikolaus von Kues zu bewältigen hat, bleibt er doch zeitlebens als Philosoph, Theologe und Mathematiker tätig. Angesichts der Auflösung mittelalterlich gefügter Ordnungen wird er genötigt, im Denken und Wirken zur Überwindung von Gegensätzen beizutragen – Ireniker aus Schicksal. Nikolaus von Kues hat sich keiner Denkschule seiner Zeit angeschlossen, sondern höchst originell selbst philosophiert. Seine Werke haben kuriose Titel „De docta ignorantia“ (Über das gelehrte Nichtwissen, 1440) oder „Idiota de sapientia“ (Der Laie über die Weisheit, 1450).
Die Überbrückung von Gegensätzen kennzeichnet, anders als bei manchen Bischöfen unserer Zeit, nicht nur seine Kirchenpolitik, sondern auch seine Philosophie. Mit Bildern aus der Mathematik versucht er, die Gegensätze miteinander zu vermitteln: Der Kreis ist das Gegenteil einer Gerade, aber der Kreis mit dem unendlichen Radius ist die Gerade. Und auf der Gerade fallen die Gegensätze, der kleinste Winkel (0°) und der größte Winkel (180° bzw. 360°), zusammen. Erst der Zusammenfall der Gegensätze, die coincidentia oppositorum, vermittelt eine Ahnung von Gott: „In ihm ist alles eins, unterschiedslos, ohne Andersheit, aber der Grund aller möglichen Unterscheidungen; namenlos und unsagbar, aber der Grund aller Worte; weder seiend noch nichtseiend, aber der Grund alles Seins und Nichtseins.“ Alle Zweifler, gleich ob sie am Glauben oder am Unglauben zweifeln, läßt Nikolaus von Kues wissen, „daß man Gott nicht nichtfinden kann – 'non potest non reperiri'- wenn man ihn nur richtig sucht.“ Er markiert den Grenzbereich menschlichen Verstehens, indem er immer neue Gottesbezeichnungen durchmeditiert und durchphilosophiert. Er bewegt „den Betrachtenden über (...) alle Vernunft hinaus in die mystische Schau, wo sich das Ende des Aufstiegs aller erkennenden Kraft und der Anfang der Offenbarung des unbekannten Gottes findet.“ Irenik durch Mystik, Befriedung durch die Tiefe des Denkens und Betens, das ist es, was auch unserer Zeit fehlt.

Pontianus und Hippolyt (13. August)
Streithähne frühchristlich

Am 13. August hat der kirchliche Festkalender zwei frühchristliche Streithähne, die die Kirche an den Rand der Spaltung getrieben haben, auf einem Heiligengedenktag zusammengepfercht: Pontianus und Hippolyt. Die Vorgeschichte ist die folgende:
Im Jahre 217 kommt es zum Schisma der Kirche unter Papst Calixtus I. Hippolyt, ein aus Kleinasien oder Alexandrien stammender, sehr reger Kirchenschriftsteller und Presbyter (Priester), läßt sich zum römischen Gegenbischof (und das hieße nach heutigem Verständnis zum Gegenpapst) wählen. Er hält Calixtus I. nämlich für einen monarchianischen Irrlehrer, der zwischen den göttlichen Personen nicht zu unterscheiden imstande und überdies im Hinblick auf das Bischofsamt geistig minderbemittelt sei. Außerdem wirft Hippolyt dem Papst eine laxe Handhabung der kirchlichen Disziplin in Fragen der Buße, Ehe und Ämtervergabe vor. Calixtus hat weitsichtig die Ehe zwischen Sklaven und Freien sogar gegen die staatliche Ablehnung anerkannt. Aber Calixtus steht nicht an, seinerseits den Hippolyt zum Häretiker zu erklären, und wirft ihm Ditheismus (Zweigötterei) vor, weil er zu sehr zwischen den göttlichen Personen, Vater und Sohn, unterscheide. Die Diskrepanz zwischen beiden in menschlicher wie theologischer Hinsicht kann größer kaum sein. Auch als Papst Calixtus stirbt, behauptet Hippolyt seinen Anspruch auf das Papstamt. Das Schisma dauert darum auch unter Urbanus (222-230) und Pontianus, den Nachfolgern des Calixtus, an. So bietet sich über fast zwei Jahrzehnte der heidnisch-römischen Welt das Schauspiel einer rechthaberischen und zerstrittenen Christenheit. Es ist das Bild, das auch wir heutigen Christen manchmal bieten, gottlob heute nicht mehr mit dem peinlich zänkischen Hintergrund wie bei Calixtus, Pontianus und Hippolyt.
Pontianus ist vermutlich römischer Herkunft und amtiert als Papst vom 21. 7. 230 bis zum 28. 9. 235. An diesem Tag tritt er durch Amtsverzicht zurück. Historiker sagen,

dieser Rücktritt sei das erste wirklich gesicherte Datum der Papstgeschichte.
Da die öffentliche Austragung theologischer Streitigkeiten kein besonderer Beleg für Heiligkeit ist, bleibt die Frage, was die beiden zueinander und miteinander in den Heiligenkalender geführt hat. Unter Maximinus Thrax (235-238), einem von den römischen Soldaten in Mainz auf den Schild gehobenen militärischen Raubein, der vom römischen Senat dann als Kaiser anerkannt wurde, gab es seit März 235 Übergriffe zumindest auf die Spitzen der römischen Kirche. Diesen Übergriffen oder Verfolgungen fielen nun auch die Streithähne Pontianus und Hippolyt zum Opfer. Gemeinsam wurden sie in die Verbannung nach Sardinien geschickt zur Arbeit unter unmenschlichen Bedingungen in den Bergwerken. Das Programm Ermordung durch Arbeit haben nicht erst die Nationalsozialisten erfunden, das kannten auch die Römer schon. Und hier, im Angesicht des Todes, besinnen sich beide auf das, was sie der Einheit der Kirche schulden. Pontianus tritt als Papst zurück, Hippolyt verzichtet auf seine Ansprüche auf das Papstamt und bittet seine Anhänger zur Einheit mit der ganzen Kirche zurückzufinden.
Nicht die Selbstbehauptung und Machtausübung bis zum Letzten dient der Kirche, sondern die Friedensbereitschaft und die Friedensfähigkeit. Und für diese Einheit, welch ein Schritt, kommt eben auch ein Papstrücktritt in Betracht. – Die Kirche verehrt beide als Märtyrer, weil sie für ihren Glauben, auch wenn sie ihn sehr unterschiedlich interpretierten, in den Tod gegangen sind. Am 13. 8. 236 wurden beide gemeinsam begraben, Hippolyt an der Via Tiburtina, Pontianus in der Papstgruft der Calixtus-Katakombe.
Übrigens: Hippolyt heißt übersetzt der „Pferdeausspanner", Pontianus bedeutet der „Brückenmann". Im Blick auf den ökumenischen Dialog möchte ich das so deuten: Die eine Seite sollte die Pferde der Rechthaberei und Besserwisserei ausspannen, bevor sie mit ihnen durchgehen. Und die andere Seite sollte endlich beginnen, das Amt nicht als monarchische Herrschaft, sondern als Dienst zu verstehen und zu führen, so daß es auch über die Konfessionsgrenzen hinaus eine Brücke zur Einheit wird. Dann

fände der Skandal einer zerstrittenen Christenheit ein Ende, dann gäbe es Hoffnung für die Einheit der Christen. Und die ist, nimmt man die Heilige Schrift und den Willen Jesu wirklich ernst, nicht fakultativ, sondern obligatorisch fürs Christsein.

Simone Weil (24. August)
(K)eine höhere Tochter?

Was ist eine höhere Tochter? Eines jener seltsamen Wesen, die Klavier spielen, Kunstgeschichte studieren und ansonsten feinsinnig ihre Lebensuntüchtigkeit kultivieren? Die am 3. Februar 1909 geborene Simone Weil hätte eine solche höhere Tochter sein oder werden können. Sie wird in Paris in die Familie eines gutsituierten jüdischen Arztes geboren und agnostizistisch erzogen. Sie ist sensibel und hochbegabt, studiert Philosophie und ist schon bald Philosophiedozentin in Le Puy, in der Nähe von Lyon. „Ich wollte lieber sterben als ohne die Wahrheit zu leben“, schreibt sie. Aber sie hat in ihrem Wesen auch einen geradezu antibürgerlich-revolutionären Zug und kritisiert in scharfem Ton die selbstzufrieden-gutbürgerliche Behäbigkeit. Sie unterhält Kontakt zu radikalen Arbeitergruppen, teilt mit den Arbeitslosen ihr Gehalt und gilt schon bald als „Frankreichs rote Jungfrau“. Eine radikale Solidarität mit den Zukurz-Gekommenen und Entwurzelten ist die Triebfeder ihrer Aktivität. 1934 nimmt sie ein Jahr Urlaub von der Dozententätigkeit, um am eigenen Leib als Packerin, an Druckerpressen und Fräsmaschinen das Schicksal der Proletarier zu teilen. „Die Liebe eines glücklichen Menschen ist der Wille, das Leiden des unglücklichen Geliebten zu teilen.“ Sie erfährt, was aus einem Menschen wird, der täglich bis zur totalen Erschöpfung unter Normzwang und bedroht von Arbeitslosigkeit zu schuften hat. Diese kompromißlose Solidarität bringt sie psychisch und physisch an ihre Grenzen. Sie macht die Erfahrung der scheinbaren Abwesenheit Gottes in dieser Welt und schreibt: „Gott kann in der Welt nur in Form der Abwesenheit anwesend sein. (...) Gott ist abwesend von der Welt, außer durch das Dasein derjenigen in der Welt, in denen seine Liebe lebt. Sie müssen in der Welt also durch das Erbarmen gegenwärtig sein. Ihr Erbarmen ist die sichtbare Gegenwart Gottes hier unten." Nicht genug damit meint sie 1936, im Spanischen Bürgerkrieg auf seiten der Arbeiter mitkämpfen zu sollen, wird aber nach einem schweren Verbrennungsunfall nach Frankreich zurückgeschickt. Gelernt hat sie daraus eine tiefe Abscheu vor Krieg und Gewalt. „Hoffnung ist die Erkenntnis, daß das Böse in uns endlich ist; sobald wir uns auch nur ein wenig auf das Gute hin ausrichten, und sei es bloß für einen Moment, wird etwas vom Bösen beseitigt." 1937 besucht sie Assisi, die Stadt des hl. Franziskus, und schreibt darüber: „Als ich allein war in Santa Maria degli Angeli, der kleinen romanischen Kapelle aus dem 12. Jahrhundert (...), wo der heilige Franziskus so oft gebetet hat, zwang mich etwas, das stärker war als ich selbst, mich zum ersten Mal in meinem Leben auf die Knie zu werfen." Ein Jahr später 1938 erlebt sie die Karwoche in der Benediktinerabtei Solesmes und fühlt sich angerührt und ergriffen von der Begegnung mit Christus. „Das Schweigen Gottes zwingt uns zur inneren Stille. (...) Es gibt kein Glück, das der inneren Stille gleichkäme." Und mit der eigenen inneren Erfahrung Gottes korrespondiert die äußere Erfahrung Gottes: „Die Welt ist die Sprache Gottes zu uns. Das Universum ist das Wort Gottes." Als die Deutschen in Frankreich einmarschieren, verdingt sie sich zunächst als Landarbeiterin und emigriert dann, wegen ihrer jüdischen Herkunft ist ihr Leben in höchster Gefahr, über New York nach London. Hier arbeitet sie in der Widerstandsbewegung gegen die Besatzung ihrer Heimat. Sie hungert aus Solidarität mit den Hungernden in Frankreich. „Lob für Gott und Mitleid für die Geschöpfe: das ist dieselbe Bewegung des Herzens." Simone Weil bleibt Jüdin, obschon sie im Laufe ihres Studiums zum christlichen Glauben kommt. Aber sie läßt sich nicht taufen, sondern bleibt als Ausdruck ihrer Solidarität an der Schwelle zur Kirche stehen, gewissermaßen um die Tür aufzuhalten für die, die den Weg zur Kirche nicht finden. Ihre Schriften sind von mystischer Katholizität und dialektischer Schärfe. Sie kennt die tiefen Zweifel an sich selbst und zugleich die tiefere Hoffnung auf den anderen, auf Gott: „Ich weiß wohl, daß er mich nicht liebt. Wie könnte er mich auch lieben? Und doch, in meinem Innern ist etwas, ein Punkt meines Ich, das, zitternd vor Angst, nicht aufhören kann zu denken, daß er mich vielleicht, trotz allem liebt." Sie verausgabt sich total. Am 24. 8. 1943, erst 34jährig, stirbt Simone Weil in Ashford (Kent). Das letzte, was sie sagt ist: „Sprich mir schweigend von Gott." Darin steckt die Unmöglichkeit, von Gott zu reden und die Unmöglichkeit, ihn zu verschweigen. – Simone Weil war keine höhere Tochter, aber vielleicht doch eine von den Söhnen und Töchtern des Höchsten.

Ida von Herzfeld (4. September)
Guter Hoffnung – lebenslänglich

Die Heilige Elisabeth von Thüringen ist weit über die deutschen Grenzen hinaus den meisten Katholiken bekannt. Kaum bekannt ist, daß sie 400 Jahre zuvor eine kaum weniger großartige Vorläuferin hatte, Ida von Herzfeld. Ida ist mütterlicherseits verwandt mit Karl dem Großen, dessen Großnichte sie wohl war. Ihre ganze Familie ist, wenn man das so flapsig sagen darf, geradezu ein katholisches „Mistbeet"; denn auch ihre Brüder Adalhard und Wala sind Äbte in Corbie, gemeinsam Gründer von Corvey (822) und (kirchen-)politisch nicht ohne Einfluß. Und ihr eigener Sohn Warin (+ 856) wird später Abt von Corvey und Rebais. Ida heiratet als Angehörige des Stammes der Franken den Sachsenführer Egbert, einen Vertrauten Karls des Großen. Es mag sein, daß es eine aus politischen Gründen gewollte Vernunftehe war, gleichwohl wird es eine glückliche Ehe, aus der fünf Kinder hervorgehen. Ida zieht mit ihm ins keineswegs christliche oder auch nur befriedete Sachsengebiet. Egberts Gebiete lagen in der Gegend um das heutige Osnabrück und Soest. Auf dem Weg dorthin durchschreiten sie die Lippe und errichten in der Nähe der Furt ihr Nachtlager. Hier erhält Ida in einer Traumvisi-

on den Auftrag, eine Kirche zu bauen; und dieser Auftrag läßt sie nicht mehr los.
Die Franken sind als Eroberer und Besatzer in Westfalen natürlich bestens gehaßt, und es gibt Hinweise, daß sie den sich rechtlos fühlenden Sachsen auch übel mitgespielt haben. Es soll regelrechte Treibjagden der Franken auf widerständische Sachsen gegeben haben. Ida hat bei den Franken, von denen sie stammte, nachdrücklich zugunsten der sächsischen Westfalen, bei denen sie lebte, interveniert, um Frieden zu schaffen. Im Angesicht der schwierigen Situation zwischen Franken und Sachsen soll sie die Worte gesagt haben: „Hier schickt dich Gottes Wille auf ein Missionsfeld, dich junges, unerfahrenes Weib, das keinen Bischofsstab trägt und keine Weihen empfangen hat, das nur ein Herz hat zum Beten und zwei Hände zum Geben!" Mit Egbert stiftete sie, der Traumvision vom Anfang ihrer Ehe folgend, um 800 im altsächsischen Hirutfeldun, dem heutigen Herzfeld (Lippetal) eine Kirche. An der Südseite der Kirche findet ihr Mann (+ 811) sein Grab, und Ida läßt über diesem Grab einen schlichten Raum (Portikus) erbauen, in dem sie fortan wohnt. Sie führt ein außerordentlich asketisches Leben und widmet sich ganz der Armenfürsorge. Sie schläft in einem steinernen Sarg, der ihr eine allabendliche leibhaftig-harte Erinnerung an die Endlichkeit und Hinfälligkeit dieses Lebens ist. Aber sie weiß auch, daß sie sich am Abend eines jeden Tages und am Abend des Lebens in die fürsorgende Nähe Gottes bettet. Und zweimal am Tag füllt sie diesen Sarg, dieses Behältnis des Todes, mit Notwendigem zum Leben, mit Stoffen, Geräten und Lebensmitteln. So bekommen die Hungerleider und Bedürftigen ihrer Umgebung zweimal täglich eine Ahnung von Gottes überfließender Güte. Diese Art Mission, bei der man nur „ein Herz zum Beten und zwei Hände zum Geben" braucht, überzeugt. Am 4. 9. 825 ist Ida gestorben. 980 werden ihre Gebeine durch Bischof Dodo erhoben, weil posthume Wunder ihrer Fürsprache zugeschrieben werden. (Damals bedurfte es zur Heiligsprechung noch nicht der päpstlichen Zuständigkeit, es reichte die bischöfliche.) Besonders verehrt wird Ida seit Jahrhunderten von Schwangeren (Idagürtel). Ida ist,

auch wenn sie gerade nicht schwanger war, ein leibhaftiger Ausdruck guter Hoffnung gewesen.
Natürlich können Sie einwenden: Wer reichlich hat, kann leicht auch reichlich geben. Das ist richtig. Nur sehe ich nicht, daß der Geldadel unserer Tage, der eine zweistellige Millionensumme dafür verdient, daß er mit dem Rennauto schnell im Kreis herumfährt oder kleine Filzbälle mit einem Schläger über ein Netz befördert oder mit dicken Schenkeln Bälle zwischen zwei Längs- und einen Querbalken tritt, daß dieser Geldadel auch nur eine einzige Saison zugunsten der Armen dieser Welt rast, schlägt oder tritt, geschweige denn sein Leben lang. Es gibt wohl doch einen erheblichen Unterschied zwischen Menschen, die nur ein gutes Training, aber nicht ein Training des Guten absolvieren, die zwar gut was leisten können, aber nicht was Gutes leisten wollen. An ersteren ist kein Mangel, bei letzteren ist die Not groß. Von Ida, der Fürsprecherin derer, die guter Hoffnung sind oder sich nach guter Hoffnung sehnen, läßt sich auch heute noch absehen, wie „ein Herz zum Beten und zwei Hände zum Geben" zum Wohl und zum Heil dienlich sein können.

Maria Euthymia (9. September)
Frauengeschichte

Wenn Illustrierte diese oder jene femme fatal in gespreizter Körperlichkeit präsentieren, ist die Aufmerksamkeit nicht nur der Männer gesichert. Vom genauen Gegenteil einer femme fatal ist hier zu berichten. Sie heißt Maria Emma Üffing und wird am 8. 4. 1914 im westfälischen Halverde als Bauernkind geboren. In erster Ehe hat ihr Vater schon vier Kinder, und Maria Emma war das fünfte von sieben Kindern aus der zweiten Ehe. Schulisch ist sie kein Überflieger, und auch äußerlich macht sie nichts her. Nach schwerer Rachitis in der Kindheit wird sie nur 1,56 Meter groß und hat ein hängendes Augenlid. Mit 14 Jahren schließt sie die Volksschule ab und muß auf dem elterlichen Hof auch körperlich schwer mitarbeiten. Mit 15 äußert sie den Wunsch, in einen Orden einzutreten, und mit 17 Jahren arbeitet sie im St.-Anna-Krankenhaus in Hopsten als Aushilfe in Küche und Geflügelhof. Als ihr Vater Ende 1932 stirbt, muß sie 1933 als Arbeitskraft auf den elterlichen Hof zurückkehren. Sie nimmt das alles mit stiller Gleichmut und Heiterkeit des Herzens hin. 1934 darf sie endlich bei den Klemensschwestern in Münster eintreten und erhält den Namen Maria Euthymia. Nomen est Omen. Der Name (übersetzt die Wohlgesinnte, die Mutige oder Wohlgemute) paßt zu ihrem heiter-friedvollen Wesen. 1936 legt sie ihre zeitlichen Gelübde ab, wird zur Desinfektorin ausgebildet und ans Vinzenz-Hospital nach Dinslaken versetzt. Ab 1937 tut sie als Hilfsschwester mit einer Krankenschwester und einem jungen Mädchen Dienst auf der Isolierstation bei mehr als 50 ansteckenden Kranken. 1939 macht sie ihr Diplom als Krankenschwester und bleibt in der „Seuchenbaracke St. Barbara", wie man diesen Teil der Klinik nennt. 1940 legt sie ihre ewigen Gelübde ab. Die Station wird mit Kriegsbeginn immer voller, bis zu 70 Kranke liegen dort und die Arbeit ist unglaublich anstrengend. Bei Fliegeralarm müssen die Kranken oft über einen Hof in die Luftschutzräume getragen werden. In ihrer Seuchenbaracke liegen Ukrainer, Franzosen, Russen, Holländer, Belgier, Italiener, Polen und in einer gesonderten Abteilung Deutsche mit allen möglichen Tuberkuloseerkrankungen. Durch die Menschlichkeit ihrer Pflege bei fast pausenloser Ansprechbarkeit leistet Euthymia einen Friedensdienst ersten Ranges. Als einer ihrer Brüder in Rußland fällt, pflegt sie die russischen Kriegsgefangenen mit größter Selbstverständlichkeit weiter und bittet den französischen Hilfspfleger, einen kriegsgefangenen Pfarrer, für ihren Bruder zu beten. Auch sie selber verbringt große Teile ihrer freien Zeit in der Krankenhauskapelle tief im Gebet versunken. „Wie Gott will." Das ist ihr Leitspruch, und ganz offenbar fühlt sie sich selbst bei Bombenangriffen von diesem Gott ihres Leitspruchs geleitet. Die Herabsetzung anderer Menschen, weil sie, wie es damals hieß, Kriegsgegner oder rassisch minderwertig seien, ist ihr zutiefst fremd, ja zuwider. „Sie sind alle Menschen; jeder ein Mensch mit Leib und Seele." Schlichte

Worte sind das und zugleich mutige in einer Zeit, in der es „Untermenschen“ und „Herrenmenschen“ gibt. Als sie vor einem Bombenangriff bei zwei nicht mehr transportablen sterbenden Russen bleiben will, treibt sie der französische Pfarrer und Hilfspfleger in den Bunker. Nach dem Angriff sehen sie, daß die Wände von Bomben- und Granatsplittern genau da durchschlagen sind, wo sie gesessen hatte. „Der liebe Gott will mich noch nicht“, sagt sie. Engpässe bei Medikamenten und Desinfektion lassen es fast wie ein Wunder erscheinen, daß sie angesichts von Krätze, Gesichtsrose, Geschlechtskrankheiten, Lungentuberkulose und Typhus nicht schon bei der Arbeit den Tod findet. Am 23. 3. 1945 legen alliierte Bomber Dinslaken einschließlich Krankenhaus in Schutt und Asche. Nach dem notdürftigen Wiederaufbau wird Euthymia nach Münster versetzt und arbeitet nun im Waschhaus der Klemensschwestern an der Raphaelsklinik. Auch hier tut sie ihren Dienst ohne Klage über diese Herabsetzung mit einer tiefen Heiterkeit und stillen Gottverbundenheit. Im Juli 1955 stellt man bei ihr eine inoperable Krebsgeschwulst im Unterleib mit Metastasen in der Leber fest. Am 9. September 1955 empfängt sie frühmorgens noch die Kommunion, nimmt dann ihr Sterbekreuz zur Hand und erwartet mit den Worten „Noch zehn Minuten ...“ ruhig den Tod.
Zahlreiche Heilungen werden ihrer Fürsprache zugeschrieben, darunter auch am 10. September 1955 die Heilung einer zerquetschten und drittgradig verbrannten Hand innerhalb von wenigen Tagen. Tausende pilgern jährlich zu ihrem Grab auf dem Zentralfriedhof in Münster. Mit ihrer Seligsprechung wurde nur posthum dokumentiert, was sie schon zu Lebzeiten selbst erfahren und anderen erfahrbar gemacht hat: Die Seligkeit der Nähe Gottes. Sie war um Gottes willen keine femme fatal, aber vielleicht um Gottes und des Menschen willen ein „femme transcendental“.

Theresa von Lisieux (30. September)
Merk-würdige Heilige

Mehr als zwanzig Jahre ist es her, daß uns der alte Spiritual im Priesterseminar als Lektüre die Selbstbiographie der kleinen Therese von Lisieux empfahl. Und ich fand sie gräßlich! Noch heute lese ich meine Randkommentare mit tiefem Verständnis für den damals jungen Mann: Rosarote Puppenstubenidylle, „Kitsch as Kitsch can", skrupulöse Heiligkeitsideologie, Selbstkasteiungsmystik etc. Als ich das damals dem Spiritual mit Nachdruck vorhielt, lächelte er und gab mir völlig recht, setzte aber hinzu: Und trotzdem ist es großartig. Wer war Therese von Lisieux?

Am 2. I. 1873 wird sie in Alençon (Normandie) geboren und schon ihr erster frühkindlicher Berufswunsch ist: „Ich werde Klosterfrau." Mit 13 Jahren will sie endlich in den Orden eintreten, aber die Priorin und ein Geistlicher verweigern ihr diesen Wunsch. 1887 reist sie mit ihrem Vater nach Rom und erbittet von Papst Leo XIII. die Erlaubnis, in den Karmel von Lisieux eintreten zu dürfen. Mit 15 Jahren, am 9. 4. 1888, wird ihr der Wunsch erfüllt, zwei Jahre später, am 8. September 1890, legt sie die Profeß ab. Ende Februar 1893 wird ihr die Betreuung der Novizinnen mitanvertraut. – Ihre leiblichen Schwestern Pauline und Marie und später auch Céline sind auch Mitschwestern im Konvent. Pauline wird später als Agnès de Jésus sogar ihre Priorin. Ihr schreibt sie einmal: „Das Leben ist dein Schiff, nicht deine Heimat. (...) Das Leben ist wie das Schiff, welches die stürmischen Wogen teilt und keine Spur von seiner raschen Durchfahrt hinterläßt (...) Wenn ich an solches denke, dann taucht meine Seele ins Unendliche ein, ich glaube mich den Gestaden der Ewigkeit nahe." – Gleichwohl werden die ersten Jahre ihrer Klosterzeit durch die Schikanen einer anderen Priorin, in deren Gegenwart man nur heilig oder wahnsinnig oder beides werden konnte, eine schwere Leidenszeit. In einer ihrer visionären Erfahrungen überantwortet sie sich am 9. 6. 1895 ganz und gar „der erbarmungsvollen Liebe des gnädigen Gottes". 1895 beginnt Therese mit den Aufzeichnungen ihrer Erinnerungen. – 1896, am Jahrestag ihrer

Profeß, schreibt sie an ihre leibliche und „ordentliche“ Schwester Marie du Sacré-Cœur: „Ich fühle in mir die Berufung zum Priester; mit welcher Liebe trüge ich dich, Jesus, in meinen Händen (...)“. (Übrigens schreibt drei Jahrzehnte später die ebenfalls heiliggesprochene Karmelitin Edith Stein fast dasselbe. Ob das bestimmten ebenso berufenen Herren zu denken gibt?) Das weitere Nachdenken über ihre Berufung führt Therese schließlich zu diesem Ergebnis: „Ich begriff, daß die Liebe alle Berufungen in sich schließt, daß die Liebe alles ist, daß sie alle Zeiten und Orte umspannt (...) mit einem Wort, daß sie ewig ist! (...) endlich habe ich meine Berufung gefunden, meine Berufung ist die Liebe!“ – Therese leidet an einer fortschreitenden Lungentuberkulose. Am Karfreitag des Jahres 1896 hustet sie erstmals Blut. Hin und hergerissen zwischen nihilistischen Anfechtungen, Attacken der Verzweiflung und tiefen geistlichen Erfahrungen verbringt sie ihr letztes Jahr und stirbt, erst 24jährig, am 30. September 1897.

In ihr finden sich zugleich ein intensives Bewußtsein des totalen menschlichen Unvermögens und der zuvorkommenden erhebenden Güte Gottes. „Die Wissenschaft der Liebe (...) nur diese Wissenschaft begehre ich. Nachdem ich alle meine Schätze für sie dahingab, habe ich, wie die Braut des Heiligen Liedes, die Empfindung, nichts gegeben zu haben.“ – Wie ein Kind, als das sie in den Orden eintrat, weiß sie sich von Jesus auf die Arme genommen und getragen. „Alles ist Gnade.“ Ja, nazarenisch-schwülstige Mädchenphantasien auf den „Seelenbräutigam Jesus“ sind nicht zu überlesen, aber auch anrührend-tiefgehende Worte nicht: „Deine Liebe umsorgte mich seit meiner Kindheit, sie wuchs mit mir heran, und nun ist sie ein Abgrund, dessen Tiefe ich nicht auszuloten vermag. Liebe zieht Liebe an, darum, mein Jesus, stürzt die meine dir entgegen, möchte den Abgrund, der sie anzieht, ausfüllen, aber (...) sie ist nicht einmal ein Tautropfen, verloren im Ozean! (...) Um dich zu lieben, wie du mich liebst, muß ich mir deine Liebe ausleihen, dann erst finde ich Ruhe.“ – In der kleinkarierten Enge und Ereignisarmut des äußeren Klosterlebens findet sich die großartige Weite und der Reichtum des inneren Seelenlebens. Therese von Lisieux ist eine Frau, die alltäglich das ganz und gar Gewöhnliche mit außergewöhnlicher Liebe und Offenheit für Gott tut, statt auf das Ungewöhnliche und Außergewöhnliche zu warten und alltäglich in der eigenen Gewöhnlichkeit ohne Gott zu ersticken.

Martin von Tours (11. November)
Zum Gotterbarmen?

Während am 11. 11. jeden Jahres die höchst populäre 5. Jahreszeit losbricht und mit Helau und Alaf begrüßt wird, feiert die Kirche das Fest eines eher ernsten, aber nicht minder populären Heiligen, das des hl. Martin von Tours: Geboren wird er im Jahre 316 oder 317 in Sabaria (Pannonien, heutiges Ungarn). Seine Eltern sind keine Christen, sein Vater, zunächst ein römischer Soldat, hat es bis zum Tribun gebracht. Im Jahre 331, also mit 15 Jahren, tritt auch Martin in die römische Armee ein und dient unter Constantius II. und Kaiser Julian. Und in dieser Zeit ereignet es sich, daß Martin vermutlich am Stadttor von Amiens auf einen Bettler oder Penner, wie man heute vielleicht sagen würde, trifft, dem er die Hälfte seines Mantels abgibt. Mit 18 Jahren läßt er sich taufen und verläßt sofort oder, wie andere Forscher meinen, erst mit ca. 40 Jahren die römische Armee in der Nähe von Worms. Er wird Schüler des Hilarius von Poitiers, und kehrt dann kurzzeitig als Missionar in seine ungarische Heimat zurück. Eine weitere kurze Zeit verbringt er auch als Einsiedler auf der Insel Gallinaria bei Genua. In Ligugé gründet er im Jahr 361 das erste Kloster nicht nur Galliens, sondern des Abendlandes. Gegen den ausdrücklichen Willen anderer Bischöfe wird er 371 durch das Volk zum Bischof von Tours erhoben. (Das heutige Prozedere durch Domkapitel und Vatikan führt, trickreich und undurchschaubar, keineswegs sicherer zu heiligmäßigen Kandidaten!) Um 375 gründet Martin das strenge Kloster Marmoutier, in dem er selbst auch wohnt und das ein Zentrum christlicher

Kultur werden sollte. Seine monastisch geprägte Missionstätigkeit führt ihn weit über die Grenzen seines Bistums hinaus bis zur mittleren Loire und nach Paris. Als Wundertäter ist er eine Berühmtheit, überdies zeichnet er sich durch asketische Strenge und hohen Gerechtigkeitssinn aus. Mit Entschiedenheit bis hin zur Selbstgefährdung tritt er in Trier vor dem politisch mächtigen Maximus für den der Häresie verdächtigten und später hingerichteten Priscillian (+ 385) ein. Das alles hat ihm selbst im Bistumsklerus keineswegs nur Freunde eingebracht. Gestorben ist Martin am 8. 11. 397 auf einer Seelsorgsreise in Candes. Am 11. 11. feiern die Kirchen seinen Gedenktag.

Mit unseren Kindern ziehen wir Erwachsenen Jahr für Jahr neu am Vorabend des Martinsfestes in die herbstliche Dämmerung hinaus, singen Martinslieder und spielen im Schein von Fackeln die legendäre Tat der Menschlichkeit nach. Einer, mächtig und hoch zu Roß, sieht den anderen, der schwach und ganz unten ist, und er erbarmt sich. Er zerschneidet mit der blanken Schwertklinge seinen Mantel und läßt den bis zum Gotterbarmen Elenden Erbarmen erfahren. Er fragt offenbar nicht, ob der Penner durch Suff oder Verschwendung selbst Schuld ist. Er fragt offenbar nicht, ob hier nur einer durch raffiniertes Armtun zu bequemem Reichtum kommen möchte. Aber fragen wir nicht zumeist so, um uns selbst durch menschlich gute Gründe von christlich begründeter Güte zu dispensieren?

Was ist an einem geteilten Mantel so besonderes? Stecken nicht auch wir die oft noch gut erhaltenen Kleider in den Container mit der sozialen Aufschrift? Das tun wir, und das ist gut so. Aber ehrlich gesagt, es macht auch den Schrank wieder frei für neue Sachen. Einschneidend ist das nicht, halbiert wird da nichts. Mancher von uns (mich eingeschlossen) kann ohne weiteres vom halben Gehalt leben, ohne deshalb halbe Mäntel tragen zu müssen.

Das Martinsfest mit seinen kindlich volkstümlichen Umzügen sagt uns: Es ist kinderleicht zu verstehen, was Christsein heißt. Es auch zu tun, trägt das warme Licht der Christlichkeit in die Herbstdämmerung der Menschlichkeit. Erst da, wo bei dem bis zum Gotterbarmen Elenden unser menschliches Erbarmen anfängt, findet unsere eigene menschlich elende Erbärmlichkeit ihr Ende. Und wer im sonntäglichen Gottesdienst des Menschen etwas vom alltäglichen Menschendienst Gottes verstanden hat, wird tagtäglich versuchen, es durch den Gottesdienst seiner Menschlichkeit verstehbar zu machen.

Elisabeth von Thüringen (19. November)
Himmel-reich

Das Lexikon für Theologie und Kirche weist wohl ein Dutzend Frauen auf, die den Namen der heutigen Tagesheiligen tragen: Elisabeth. Aber keine von ihnen ist auch nur annähernd so populär wie Elisabeth von Thüringen. Sie wird 1207 als Tocher des Königs Andreas II. von Ungarn und seiner Frau Gertrud von Andechs-Meranien geboren. Heiligkeit ist keine Ausnahmeerscheinung in dieser Großfamilie; denn Elisabeths Tante ist die hl. Hedwig von Andechs, ihre Tochter die selige Gertrud von Altenberg und ihre Großnichte die heilige Elisabeth von Portugal. 1211, erst vierjährig, wird Elisabeth aus politischen Gründen auf die Wartburg gebracht, mit dem damals elfjährigen Ludwig IV. von Thüringen verlobt und 1221 schließlich verheiratet. Trotz der politischen Vorausverfügung wird es eine wirklich glückliche Ehe, eine Liebesehe. Drei Kinder gehen daraus hervor, Hermann (1222-1241), der ab 1238 Landgraf von Thüringen ist, Sophie von Brabant (1224-1275) und Gertrud von Altenberg (1227-1297). Existentiell erfährt Elisabeth den Widerspruch zwischen luxuriöser Hofhaltung auf der Wartburg und himmelschreiendem Elend drumherum. Sie legt Schmuck und vornehme Kleidung ab und verweigert das Essen, wann immer sie den Verdacht hat, die Lebensmittel seien auf unrechtmäßige Weise auf die landgräfliche Tafel gelangt. Sie ist der lebendige Vorwurf an den luxusliebenden Wartburg-Clan und stößt auf heftigen Widerspruch. Ihr Mann Ludwig ist einer der wenigen, der Verständnis für ihre soziale Überzeugung aufbringt. Als 1225 Hunger über das Land hereinbricht, setzt Elisabeth die Freigabe der Kornreserven durch und bringt die eigene Hofhaltung in arge Bedrängnis. Schon früh unterhält sie Beziehungen zu den Beginen und Franziskanern. Nach dem Tod ihres Mannes (1226) auf dem Kreuzzug setzt ihr Schwager Heinrich Raspe 1227 die Vertreibung Elisabeths durch. Mitten im Winter muß sie mit ihren drei Kindern völlig mittellos die Wartburg verlassen. Ihre Tante, die Äbtissin von Kitzingen, nimmt sie auf und rettet damit ihr und den Kindern das Leben. Was Elisabeth sich an Buße und Fasten zumutet – auch veranlaßt durch die nicht nur heilvolle seelsorgerische Begleitung des Bußpredigers Konrad von Marburg –, ist heute kaum mehr nachvollziehbar. Ihre Kinder werden, damals nicht unüblich, zur standesgemäßen Erziehung u. a. ins Kloster gegeben. Elisabeth selbst verbindet mehr und mehr die soziale Tat mit mystischer Tiefe. Als ihre Verwandtschaft 1228 das ihr zustehende Witwengut erstreitet, verwendet Elisabeth das nicht zur Sicherung des Lebensunterhalts, sondern zur Gründung des Franziskus-Hospitals in Marburg, des ersten Franziskus-Patroziniums nördlich der Alpen. Vollkommene Christusnachfolge in äußerster Armut wie bei Franziskus und hingebungsvolle Pflege von Kranken, Armen und Aussätzigen ist Elisabeths erklärtes Ziel. Sie will eine „Schwester in der Welt“ sein. Elisabeth muß eine begehrenswerte Frau gewesen sein. Selbst Kaiser Friedrich II., der 1228 verwitwet ist, macht ihr, vermittelt über Bischof Egbert von Bamberg, einen Heiratsantrag. Aber Elisabeth lehnt ab, das Ziel ihrer Sehnsucht ist am Kaiserhof nicht zu finden. – Eines der wenigen Worte, die von ihr überliefert sind: „Ich habe euch immer gesagt, daß wir die Menschen fröhlich machen müssen.“ Und sie selbst hat sich diese Heiterkeit bis zum Tod bewahrt. Gestorben ist sie, erst 24jährig, am 16. oder 17. 11. 1231 in Marburg an der Lahn. – Am 27. 5. 1235 wird sie auch auf Betreiben Friedrichs II. und des Deutschen Ordens durch Papst Gregor IX. heiliggesprochen. Friedrich II. ist auch bei der Erhebung der Gebeine 1236 anwesend und stiftete Krone und Becher (heute im Museum in Stockholm). Durch Votivgaben und Spenden ermöglicht, kommt es schon bald zum Bau der Elisabethkirche in Marburg, in der sie später beigesetzt wird. Die

Entfernung der Gebeine durch die Reformatoren (1539) ist für einen gelernten Katholiken wie mich nur schwer verständlich, zumal auch Martin Luther (1521/22) politisches Asyl auf der Wartburg gefunden hat, die durch Elisabeth untrennbar mit einem radikal christlichen Lebensentwurf verbunden ist. Und von dem Lebensentwurf können nicht nur kleine Katholiken, sondern auch große Reformatoren lernen. – Ludwig Börne (1786-1837) hatte gemeint: „Nur die Sehnsucht macht reich." Und nur die Sehnsucht nach Gott macht Gottes Reich. Es gibt schließlich unzählige unselige Menschen, die raffen zeitlebens Geld zusammen, buchstäblich ein Heidengeld. Aber zur Seligkeit langt es nie. Und andere teilen noch den Notgroschen der blanken Armut und bekommen geschenkt, was für den Reichen unerschwinglich ist, Reich Gottes und eine Seligkeit, die alle Sehnsucht erfüllt und übersteigt.

Nikolaus von Myra (6. Dezember)
Vorweihnachtliche De- oder Regenerationserscheinung

Wenn uns jemand ein Lügenmärchen, eine frei erfundene oder jedenfalls höchst ungewöhnliche Geschichte auftischt, dann sagen wir wohl manchmal ein bisschen flapsig: Der erzählt was vom Weihnachtsmann.

Neulich fuhr ich in der Mittagszeit mit dem Zug von Paderborn nach Münster; die Schulen hatten gerade geschlossen, und so stürmten Dutzende von Schülern mein Zugabteil, an Lesen war nicht mehr zu denken. Aber ich hatte volles Verständnis, traf mich doch nur mit Verspätung von mehr als einem Vierteljahrhundert die Strafe für das, was ich selbst neun Jahre lang als Fahrschüler den damaligen Alten angetan hatte. Neu war aber dies: Fast alle Schüler trugen eine Zipfelmütze in den Signalfarben vom Weihnachtsmann: Rot und Weiß. Auf meine Frage, ob sie eigentlich wüßten, wer das ist, der Weihnachtsmann, erntete ich Schulterzucken. Einer meinte mehr fragend als antwortend: Das sei wohl der Nikolaus. Die Fra-

ge, ob sie wüßten, wer denn der Nikolaus gewesen sei, wurde nicht einmal mehr ignoriert. Die Herrschaften waren schon den ganzen Vormittag lang befragt worden und des Antwortens sichtlich überdrüssig.
Nikolaus war Bischof von Myra und hat wahrscheinlich in der ersten Hälfte des 4. Jahrhunderts gelebt. Dargestellt wird er bischofsgerecht mit der Mitra auf dem Kopf und drei Goldkugeln. Die Erzählungen über sein Leben sind legendarisch und zudem vermischt mit Ereignissen, die zur Lebensgeschichte des Abtes Nikolaus von Sion bei Myra (+ 10. 12. 564) gehören, der auch Bischof von Pinora war. Aus den Biographien zweier legendärer Heiligengestalten hat man einen hagiographischen Eintopf angerührt und mit immer neuen Zutaten der Menschlichkeit wohlschmeckend gewürzt. Er soll nach griechischer Legende drei zu Unrecht eingekerkerte Feldherren befreit haben; das hat ihn zum Patron der Gefangenen gemacht. Er soll drei junge Frauen heimlich mit Goldstücken beschenkt haben, um ihnen die Elendprostitution zu ersparen und eine Mitgift für die Ehe zu sichern. Er soll Schiffladungen voller Getreide zugunsten von Hungernden „gefringst" und die legendäre Rettung von Schiffbrüchigen bewirkt haben, was ihm den Platz unter den 14 Nothelfern und 1087 die Translation seiner Gebeine in die Hafenstadt Bari eintrug.
Wenn der Weihnachtsmann der Nikolaus sein sollte, müßte man wohl sagen: Dieser Nikolaus ist (un-)ziemlich degeneriert. Seine Mitra hat einen Bommel bekommen und hängt ihm schlapp überm Ohr. Die Änderung im Kopfputz degradiert den heiligen Bischof zum deutschen Michel. Aber eine Mitra wird Nikolaus ohnehin nicht getragen haben, weil die erst seit dem 11. Jahrhundert zum Selbstinszenierungsutensil der Bischöfe gehört. Vorher hielt man sich ans Neue Testament der Bibel (1 Kor 14,4), wonach der Bischof barhäuptig beten und verkündigen sollte. Erst seit dem 17. Jahrhundert kehrt Nikolaus zusammen mit dem Kinderschreck Knecht Ruprecht an seiner Seite in die Wohnhäuser ein, um im pädagogischen Doppelpack, sozusagen mit Zuckerbrot und Peitsche, als elterliche Allzweckwaffe aufzutreten. Dazu hatte sicher das Evangeli-

um des Nikolaustages (Mt 25,14-23) beigetragen, in dem der eine für den Nichtgebrauch seiner Talente bestraft und der andere für den Gebrauch belohnt wird.
Martin Luther hatte den hl. Nikolaus schon als bloßen Beschenk-Hansel abgelehnt und den „heiligen Christ“ wieder in den Mittelpunkt gesetzt. Das zeigt, daß er die Degeneration des Nikolaus zum Weihnachtsmann, die sich dann im 19. Jahrhundert vollzog, vorhergesehen hat. – Bei aller legendarischen Ausschmückung aber ist Nikolaus eines nie gewesen: Er war kein Vermarktungs-Popanz auf Weihnachtsmärkten, kein Animations-Kaspar und adventlicher Gruß-August im Kaufhaus. Er hat durch die Linderung von irdischer Unmenschlichkeit und Not eine Ahnung von himmlischer Menschlichkeit und Güte vermittelt. Er hat nicht den wirklichen Himmel zum unwirklichen Konsum-Himmel verkommen lassen. Er war nicht der Paketdienst fürs Schlaraffenland, sondern Nothelfer der Gefangenen und Hungernden, der moralisch Gefährdeten und existentiell Abgedrifteten. Und solche Menschen dürften und sollten ruhig in Klassenstärke auftreten.
Wenn wir den Weihnachtsmann aus seiner entstellenden Pelz-Verkleidung auswickeln, dann können wir ihn wieder zu dem Bischof entwickeln, der von geradezu legendarischer Menschlichkeit war. Und wenn alles Verpackungsmaterial und Geschenkpapier weg ist, dann läge da bloß noch und gottlob immer noch das nackte Kind in der Krippe. Und dieses Kind ist mit Herz, Hirn und Hand Gottes menschlichster Ausdruck und Gottes ausdrücklichste Menschlichkeit.

Johannes vom Kreuz (14. Dezember)
Leere für die Fülle

Mitten in der Adventszeit, wenn bei Tannengrün, Weihnachtsmusik und Lichtergirlanden die vorweihnachtlichen Konsumschlachten geschlagen werden, liegt der deplaziert wirkende Gedenktag eines Heiligen, dessen Name schon in eine andere Kirchenjahreszeit zu verweisen scheint: Johannes vom Kreuz. – Als Juan de Yepes wird er 1542 im westspanischen Fontiveros geboren. Sein Vater, ein verarmter adeliger Seidenweber, stirbt früh, und der Junge landet in einem Waisenhaus. Da er offenbar zwei linke Hände hat, taugt er zum Erlernen eines Handwerks nicht. Man steckt ihn in Medina del Campo als Pfleger in den Spitaldienst und läßt ihn Almosen sammeln. Mit 17 Jahren darf der geistig hochbegabte auf eine Jesuitenschule, mit 21 Jahren, im Jahr 1563, tritt er als Juan de Santo Matía in den Orden der Karmeliten ein, die ihm ein Studium an der Universität Salamanca (1564-68) ermöglichen. Die erste Begegnung (1567) mit Theresa von Avila, der großen Reformerin des weiblichen Zweigs der Karmeliten, bewegt ihn zutiefst und macht ihn selber zum Reformer des männlichen Zweigs der Karmeliten. – Unter dem Namen Juan de la Cruz (Johannes vom Kreuz) gründet er in Duruelo das erste Männerkloster der unbeschuhten Karmeliten. Gründungen in Mancera, Pastrana, Alcala und Avila folgen. Neidisch, kleinkariert und peinlich reagiert der ursprüngliche Orden auf den Reformweg des Johannes vom Kreuz und beweist damit seine dringende Reformbedürftigkeit. Man setzt ihn 1577/78 neun Monate lang unter unglaublich viehischen Bedingungen im Karmel von Toledo gefangen und versucht ihn in Einzelhaft mit psychischer und physischer Folter endgültig zu brechen. Er wird gleichwohl nicht zum mißtrauischen Misanthropen. „Die Geschöpfe sind gleichsam, eine Spur der Fußstapfen Gottes, an der man seine Größe, Macht und Weisheit sehen kann." „Am Abend unseres Lebens werden wir nach der Liebe gerichtet werden." Es gelingt ihm mit zusammengeknoteten Decken eine gut vorbereitete Flucht aus der Haft. Er unterwirft sich nicht passiv, und er beschwert sich nicht; er handelt. Aber gerade in der Haft gelingt ihm der Durchbruch zu mystischen Erfahrungen, deren dichterische Fassung ihn zum Klassiker spanischer Literatur und Mystik werden lassen. „Aufstieg zum Berge Karmel", „Dunkle Nacht der Seele", „Geistlicher Gesang", „Lebendige Flamme der Liebe" heißen seine tiefsinnigen mystischen Werke. Nach seiner Befreiung und der Abspaltung des reformierten Ordenszweigs übernimmt er nacheinan-

der die Leitung der Klöster von Baeza (1579-81), Granada (1581-88) und Segovia (ab 1588), bis er aufgrund erneuter ordensinterner Intrigen aller Ämter enthoben und nach Ubeda verbannt wird. „Man hat mich weggeworfen wie einen alten Lumpen“, sagt er über sich selbst. In Ubeda, wo er schon erkrankt ankommt, stirbt er nach erneuter menschenunwürdiger Behandlung am 14. 12. 1591. – Ich mute Ihnen einen kurzen Text zu, der Sie mit jedem erneuten Lesen noch nachdenklicher machen kann:
„Um zu erlangen, alles zu genießen, suche in nichts Genuß. Um zu erlangen, alles zu besitzen, suche in nichts etwas zu besitzen. Um zu erlangen, alles zu sein, suche in nichts etwas zu sein. Um zu erlangen, alles zu wissen, suche in nichts etwas zu wissen. Um zu erlangen, was du nicht verkostest, geh dorthin, wo du nichts verkostest. Um zu erlangen, was du nicht weißt, geh dorthin, wo du nichts weißt. Um zu erlangen, was du nicht besitzest, geh dorthin, wo du nichts besitzest. Um zu werden, was du nicht bist, geh hin, wo du nichts bist.“
Wenn er Johannes von der Krippe geheißen hätte, paßte er dann besser in diese Adventszeit? Ich glaube nicht; denn Krippe und Kreuz sind vom selben harten und krummen Holz und bilden auf je ihre Weise den ganz und gar nicht idyllischen Ort der Gottesbegegnung. – Johannes vom Kreuz ist vielleicht doch eine adventliche Gestalt, ganz ausgerichtet auf die Begegnung mit Gott, dessen Kommen wir in diesen Tagen feiern. Johannes vom Kreuz räumt alles aus bis zur gänzlichen Leere, um sich so für die Fülle Gottes vorzubereiten. „Um ganz zum Ganzen zu kommen, ist ganz das Ganze zu lassen.“ Die innere Entleerung vom nur auf sich selbst bezogenen Ich schafft Raum für das auf Gott bezogene Du und für menschliche Erfüllung. Karl Rahner (1904-84) hat ganz in diesem Sinne einmal gesagt: „Es ist dem Menschen verboten (einziges Verbot, das ganz ernst genommen werden muß), sich mit weniger als der unendlichen Fülle Gottes zu begnügen.“ Seien wir also maßlos.

III.

Um Gottes Lohn – Christsein außertariflich

Wortwörtlich

Beten – ein Hit?

Mein Neffe rief mich neulich an: „Hast du schon die neuesten Charts gehört?“ Natürlich hatte ich nicht, wo ich kaum weiß, wie man das schreibt. Und wenn ich ganz ehrlich bin, muß ich sagen, für die Hitparade, wie das damals noch hieß, habe ich mich nicht einmal als Jugendlicher interessiert. Und was Hänschen nicht lernt ... Aber dann erfuhr ich, auf Platz vier der deutschen Charts steht das Vaterunser, interpretiert, wie man etwas hochtrabend sagt, von einer Gruppe namens E-Nomine. (Das könnte Lateinisch sein und soviel wie „aus dem Namen“ bedeuten.) Und der Musikstil, weiß mein in Jugendszenekneipen gestählter Neffe, sei eine „ganz hörbare Version irgendwo zwischen Dance und Techno“. Nun kenne ich mehr als ein Dutzend Vaterunser-Vertonungen von der Gregorianik über die Spätromantik bis zum Sakro-Pop der siebziger Jahre dieses Jahrhunderts, Dance und Techno, oder was ich mir als blutiger Laie darunter vorstelle, ist nicht dabei. Und seit neulich selbst der Papst eine CD mit Sakralgesängen herausgebracht hat, oder besser mit seiner eindrucksvollen altersbrüchigen Stimme popmusikalisch aufgemotzt herausgebracht wurde, darf ich hier auch ein Geständnis loslassen. Vor Jahren hat mich ein entfernter Verwandter, der ein Musikstudio betreibt, gebeten, für eine Gruppe, die gerade in seinem Studio war, schnell und umgehend einen lateinischen Text zu verfassen. Es sollten die Worte Geist (spiritus) und Auferstehung (resurrectio) darin vorkommen. Und so habe ich zwanzig Minuten meiner kostbaren Lebenszeit als altphilologischer Sakral-Schlagertexter zugebracht. Vielleicht war es ja ein Hit; ich habe das Ergebnis nicht verfolgt.
Aber wo steht in der persönlichen Hitparade Ihres und meines Lebens das Beten? Wo steht, wenn es die gibt, in der Hitparade oder besser Werteskala Ihres persönlichen Betens das Vaterunser? Steht es noch in den Top ten oder

nicht einmal mehr unter Platz einhundert? Vielleicht ist es mit dem Beten wie mit der Hitparade. Manches Lied gewinnt erst dadurch seine Kraft und seinen Zauber, wird erst dadurch zum Hit, daß man es des öfteren spielt, (mit-) singt oder wenigstens hört. Mit einem Gebet kann es ähnlich sein. Erst wenn man es betet, mitbetet, vorbetet oder wenigstens hört, entfaltet es seinen Trost und seine Kraft. Nicht immer ist es sofort eingängig; mit manchen Gebeten muß man erst vertraut werden wie mit Musikstücken; dann aber beginnen sie zu klingen, werden sie beredt und vielsagend. Man verbindet mit manchen Melodien wichtige Lebenssituationen, traurige und frohe. Manch einer erinnert sich, bei welchem Lied, bei welcher Melodie er die ersten Tanzschritte mit seiner Freundin und späteren Frau getan hat. Die Melodie wird zu einer Erkennungsmelodie zwischen zwei Menschen.

Das kann einem auch mit dem Gebet passieren. Es wird zu einem Kennwort. Ich erinnere mich, wann, mit wem und wie ich es gebetet habe. Ich erinnere mich, wie es mich etwas näher zu Gott führte, mich etwas mehr mit Gott vertraut machte.

Und erst in dem Maße, wie Menschen mit einem Musikstück vertraut werden, steigt es in den Charts und wird vielleicht zum Hit. Und erst in dem Maße, in dem Menschen mit dem Gebet vertraut werden, steigt es in ihrer persönlichen Werteskala und wird vielleicht zum entscheidenden Kennwort ihres Lebens.

„Das Gebet ist der Schlüssel für den Morgen und der Türriegel für den Abend" hat Mahatma Gandhi (1869-1948) einmal gesagt. Er meinte wohl, das Gebet ist wie ein Vorspiel und ein Nachspiel für den Morgen und Abend des Tages, auch für den Morgen und Abend des Lebens. Es öffnet uns für das Licht und das Leben Gottes und gibt uns Geborgenheit angesichts von Umnachtung und Tod. Und Angelus Silesius, der Arzt, Priester und Dichter, hatte noch radikaler in seinem „Cherubinischen Wandersmann" gemeint:

„Geschäftig sein ist gut, viel besser aber beten,
noch besser stumm und still vor Gott den Herren treten."

So kann es sein, daß wir durch das Beten zum Schweigen finden und durch das Schweigen zum Hören auf Gottes Wort, auf das Wort, in dem Gott nicht nur etwas, sondern sich selbst aussagt und mitteilt. „Und das Wort ist Fleisch geworden ...“ Vielleicht finde ich so betend vom Wort, das ich kennenlerne und kenne, zum Wort, das mich kennt, erkennt und anerkennt. Es könnte sein, daß das Gebet und durch das Gebet Gott in Ihren Charts bis zu dem Platz vorrückt, der ihm gebührt.

Versaute Sprache

Es war bei den Sportnachrichten, die vom Köln-Marathon berichteten, als ich auf ein neues Wort gestoßen wurde. Einige Sportler seien mit Handinlinern auf den Rundkurs gegangen. Nun weiß ich inzwischen, was Inliner sind, aber Handinliner? Sollten die sportlichen Damen und Herren mit Roll(hand)schuhen an den Händen einen Marathon-Handlauf vollführt haben? Meine Hochachtung! Aber nein, bei dem so bezeichneten Sportgerät handelte es sich nur um die neumodischen silbrig glänzenden Tretroller. Aber der Begriff Roller klingt ja viel zu deutsch, viel zu verständlich und so peinlich gewöhnlich. Ich bin sicher, an manchem langen Ferientag als Grundschulkind einen Halbmarathon auf Handinlinern zurückgelegt zu haben, nur wußte ich damals noch nicht, daß meine Leistung geradezu Sportnachrichtenrelevanz besaß. – Auf dem Weg zum Sonntagsgottesdienst radle ich (oder bike ich gar?) an einem riesigen Plakat vorbei, auf dem ein gutaussehender junger Mann seine Outdoor-Jacke vorführt. Für die Ausstaffierung der Outdoor-Jacke einen schöneren als mich gefunden zu haben ist weder fraglich noch schwierig, noch kränkend. Aber daß meine alte Lederjacke schöner ist als seine neue Outdoor-Jacke, scheint mir nicht zweifelhaft. Nur weiß sie noch nicht, daß sie ja eigentlich durch mein Outdoor-biking zur Outdoor-Jacke geadelt ist. – Neuerdings werden keine Telefonleitungen mehr geschaltet, sondern nur noch Hotlines installiert; es gibt keine Gesprächsrunden mehr, sondern nur noch Talk-Shows. Man sollte sie besser Talg-Schau nennen, denn sie sondern ein intellektuell schmieriges Drüsensekret ab. – Wenn man früher in den Badezuber stieg, dann besucht man heute, wohl weil der Bauchspeck sich wellt, eine Wellness-Farm. – Wenn wir einmal zu Hunderttausenden die Sau rauslassen mit saufen, fressen, huren, gröhlen, rauchen und spritzen, dann nennen wir es Love-Parade. Diese Liebes-Parade ist ein Paradebeispiel für eine Liebe, die so blind macht, daß sie selbst Tausende von Tonnen Müll nicht sieht. – Wenn irgendwo ein paar Leute mit angeblichem Sachverstand zu Rate gezogen werden, dann nennen wir das eine Task-Force (Spezialeinheit) und wundern uns, daß deren Geltungssucht ihren Sachverstand weit in den Schatten stellt. – Wenn ein halbes Volk zu Voyeuren degeneriert, dann nennen wir es nach einer Romanvorlage, die die meisten Glotzer nicht kennen, Big Brother. Doch nichts daran ist brüderlich und nur die Peinlichkeit so groß, daß der Name Pig Mother angemessener wäre. Denn während die einen den anderen beim großen Geschäft zugucken, machen die dritten mit dem großen Geschäft der zweiten ein großes Geschäft auf Kosten der ersten. Und die merken schon nicht mehr, daß und wie das zum Himmel stinkt. – Wenn wir Mitarbeiter aus der Firma schmeißen wollen, dann nennen wir es Lean Production. Aber lean, d. h. mager, ist an dieser Produktion nur die Menschlichkeit, die Gewinnspanne ist fett. Wenn wir mit Hilfe des Computers dem Konkurrenten das Fell über die Ohren ziehen, klingt es doch viel fortschrittlicher, wenn wir das E-Commerce und E-Banking nennen. – Wenn einem früher ein großes Ereignis ein inneres Erlebnis vermittelte, dann hilft heute nur noch ein Big Event zum ultimativen Kick und zum finalen Feeling.

Unsere Sprache wird versaut durch aufgemotzte Anglizismen, die häufig pure deutsche Erfindungen sind (Handy, Teens, Homepage etc.), bloße Sprechblasen, verbale Blähungen mit Bedeutsamkeitsgeraune, Fortschrittlichkeitsgetue, Wichtigkeitsgewabere zur sprachlichen Vertuschung von Beutelschneiderei, Menschenverachtung, Geltungssucht und Volksverdummung. Ich habe den stark begründeten Verdacht, daß da, wo so geredet wird, gilt: Wir wissen nicht mehr, was wir sagen. Wir sagen nicht mehr, was wir wissen. Wir meinen nicht mehr, was wir sagen. Wir sagen nicht mehr, was wir meinen. Und schlimmer als die Dummheit, die aus solchen Reden spricht, ist die Verdummung, die sie anrichtet. Wo die Wahrheit der Sprache so weitgehend verdorben ist, sind Verdorbenheit und Verderben der Sprechenden bald naheliegend. Und das gilt unabhängig davon, ob die Sprachregelung von einer totalitären Politik oder einer totalitären Wirtschaft verordnet wird. Wir müssen es wieder ganz neu lernen, richtig und aufrichtig zu reden, damit die Menschlichkeit nicht länger hingerichtet, sondern aufgerichtet wird.

Wegzeichen

My way – God's Highway?

Neulich stieß ich auf ein Wort von Dietrich Bonhoeffer: „In unserer Wahl ist Freiheit, in unserer Entscheidung aber ist Gott." Heißt das: Gott segnet die Entscheidungen, die wir frei treffen, alle ab? Oder: Gott biegt unsere Entscheidungen alle in seinem Sinne um? Gott entscheidet höchstselbst, obwohl wir uns bei der Wahl frei wähnen? – Mir kam noch ein anderes Wort aus dem Talmud in den Sinn: „Der Mensch wird des Wegs geführt, den er gewählt hat." Heißt das: Wir bilden uns ein, etwas selbst gewählt zu haben und werden doch bloß unmerklich ge(nas)führt? Dann wäre der Mensch ein sich nur frei fühlender aber ferngesteuerter Hampelmann. Heißt das: Es ist völlig gleich, welchen Weg du wählst, Gott führt sowieso? Gott würde zum Handlanger launischer Augenblicksentscheidungen und zum nachträglichen Rettungssanitäter degradiert. Und wenn ich den Weg von Gott weg wähle, unterstützt er dann meine Entscheidungen gegen sich? Oder führt er mich wie eine Mutter ihre Kinder, die nicht nach Hause wollen, nur einmal um den nächsten Block herum von der anderen Seite zum selben Ziel? Kann man auf die Führung Gottes auch ganz verzichten, oder wird man sie nie los? Ich glaube, wenn ein Mensch nicht, sofern er unbedingt will, zum Teufel gehen kann, dann ist seine Freiheit schon vorher beim Teufel! „In unserer Wahl ist Freiheit, in unserer Entscheidung aber ist Gott." „Der Mensch wird des Wegs geführt, den er gewählt hat." – Wir sind alle blind wie junge Hasen, wenn uns die Entscheidung für einen unüberschaubaren Lebensweg abverlangt wird. Ist nicht das Ja zu einem Partner, den man in jugendlicher Verklärung kennenlernt, eine glatte Überforderung, weil man schließlich auch noch mit dem alten Macho oder der hudernden Glucke späterer Jahre verheiratet ist? Ist nicht auch das Ja zum Priesterberuf eine blanke Unverfrorenheit, wenn man das Versprechen wirklich bedenkt? –

Wenn wir wenigstens relativ frei sein sollen, müssen wir unseren eigenen Weg wählen können. Aber weil wir keinen einzigen unserer Wege wirklich überblicken können, bedürfen wir der Führung. Es muß also eine Führung Gottes geben, die die Freiheit des Menschen nicht zerstört oder unannehmbar beeinträchtigt. – Wenn ich z. B. vor einem mit Neuschnee bedeckten Feld stehe, fällt mir auf: Wege sind nicht vorhanden, bevor sie begangen werden. Sie entstehen erst im Gehen, im oft mühsamen Begehen und Begehbarmachen des Unbegangenen. Nicht nur ich wähle den Weg, der Weg wählt auch gewissermaßen mich zu seiner Entstehung; und so wird er erst ein möglicher Weg, ein nachgehbarer Weg auch für andere. Ich bin sozusagen erste Wahl für den Weg, der unverwechselbar meiner ist und wird. – Wenige Wochen vor seinem Tod am 6. Juli 1961 schrieb der damalige UNO-Generalsekretär, Dag Hammarskjöld, in sein Tagebuch:

„Jetzt gilt es, jetzt darfst du nicht loslassen. –
Anderer Weg/ hat Rastplätze
in der Sonne/ sich zu begegnen.
Aber dieser Weg/ ist der deine,
und es gilt jetzt,
jetzt darfst du nicht versagen.
Weine,
wenn du kannst,
weine
doch klage nicht.
Dich wählte der Weg – und du sollst danken." –

Also: Nicht nur ich bin frei, einen Weg zu wählen, sondern auch der, der sagte: „Ich bin der Weg ..." Auch er ist frei zu wählen; und er ist so frei, Sie oder mich zu wählen. Ich glaube, das, was man die Wahl eines Menschen durch Gott nennen könnte, ist einfach nur die Kehrseite dessen, was mir in hellen Stunden als Führung Gottes in meinem Leben einleuchtet. Gott wählt, und darin erfährt der Mensch Führung. – Aber wie wählt Gott, sprich, führt Gott mich bei meiner Wahl, ohne daß meine Wahl dadurch zur Farce wird? Auch das läßt sich mit Dag Hammarskjöld sagen. Am 17. 11. 1956 schrieb er in sein Tagebuch: „Meine Devise – wenn irgendeine: Numen semper adest." Immer ist ein Wink Gottes da. Es ist nur ein Wink, keine schmetternde Fanfare, keine grelle Reklame, nichts Zwingendes, sondern eher ein Wink in der Stille, im Zwielicht und immer nur ein Angebot, in das man einwilligen und das man ausschlagen kann. So kann ich das Bonhoeffer-Wort und das Wort aus dem Talmud verstehen: „In unserer Wahl ist Freiheit in unserer Entscheidung aber ist Gott." Und: „Der Mensch wird des Wegs geführt, den er gewählt hat." Wir dürfen uns den Blick nicht verstellen lassen von Fernsehprogrammen, den Hunger nicht stillen lassen von Kartoffelchips, die Ohren nicht stopfen lassen vom Discosound und die Sehnsucht nicht verwalten lassen vom Beamtenheimstättenwerk. Ich wünsche uns, daß wir weitsichtig, hellhörig, feinfühlig bleiben für die verborgene Wirklichkeit Gottes, für seinen Wink und Hinweis in allen Entscheidungen unseres Lebensweges; denn es gilt: „Numen semper adest." Ein Wink des Himmels, ein Zeichen Gottes ist immer für uns da.

Die Lücke, die ich reiße ...

In der Zeit meiner Priesterausbildung gab es einen geistlichen Lehrer, der eine besondere Vorliebe für „defätistische Sprüche" hatte. Einer dieser Sprüche, den ich nicht zuletzt deshalb blöd fand, weil er mich fast schon namentlich zu meinen schien, lautete: „Die Lücke, die ich reiße, wird mich voll ersetzen." Und trotzdem oder eben deshalb blieb der Satz bei mir haften. Der Satz scheint zu besagen, ob man meinen Arbeitsplatz mit mir besetzt oder unbesetzt läßt, kommt im Ergebnis auf dasselbe heraus. Ich bin also höchst überflüssig, die personifizierte Lücke. Ist das nicht eine eklatante Selbstunterschätzung, die dem gewiß oft unbedeutenden Alltag noch das Letzte an Wert und Würde nimmt? Hat nicht doch alles, was wir tun, bleibenden Wert? Wahrscheinlich wäre mir damals ein so arg pathetisch-überspannter Satz wie der aus Don Carlos

(II, 2): „Dreiundzwanzig Jahre! Und nichts für die Unsterblichkeit getan“ noch näher gewesen als der von der Lücke, die mich voll ersetzen wird. Das Gegenteil, die totale Selbstüberschätzung, hat Theodor Fontane (1819-1898) so schön in Worte gefaßt: „Manche Hähne glauben, daß die Sonne ihretwegen aufgeht.“ Der oben erwähnte Lehrer hatte das Charisma, den Luftballons solcher Aufgeblasenheit schnell die Luft herauszulassen.

Viele Jahre nach dem Studium wurde ich Seelsorger in demselben kleinen Dorf, in dem zwei Jahrzehnte zuvor eben dieser geistliche Lehrer selbst seelsorglich tätig gewesen war. Die Lücke, die er gerissen hat, hatte ihn also nicht voll ersetzt, zumindest war ich nun einer seiner „Lückenbüßer“. Direkt neben dem Pfarrhaus befand sich eine Schusterwerkstatt, in der seit Generationen nach alter Väter Sitte Schuhe besohlt wurden. Die Tür zur Schusterwerkstatt war in Jahrzehnten über und über mit Sprüchen beklebt. Und fasziniert stieß ich unter all diesen Sprüchen auf den besagten: „Die Lücke, die ich reiße, wird mich voll ersetzen.“ Es war amüsant, so unverhofft auf die „wissenschaftlich noch nicht gefaßten Quellen“ der Weisheit eines Lehrers zu stoßen. Und woher haben wir, Sie und ich, unsere Lebensweisheiten? Das Zweifelhafte der Herkunft dieser oder jener Lebensweisheit wird dann zweitrangig, wenn es sich nur wirklich um eine Weisheit handelt, die zu leben hilft. – Wenige Jahre später nun beerbe ich den besagten Lehrer ein weiteres Mal, diesmal an der Theologischen Fakultät, an der ich tätig bin. Und obwohl er zwanzig Jahre lang mein Vorgänger war, hat er nicht eine einzige seiner Publikationen in die Hochschulbibliothek einstellen lassen, getreu dem Wort: „Die Lücke, die ich reiße, wird mich voll ersetzen.“ Gewiß, man muß keine Reklame für sich selbst und die eigenen Leistungen machen. Und wer das doch tut, gerät leicht in den Verdacht, den ein spanisches Sprichwort so schön formuliert: „Wo der Wirt vor der Türe steht, ist die Kneipe leer.“ Andererseits muß man sich auch nicht bis zur Unerkennbarkeit verkleinern und marginalisieren. Denn so richtig und dämpfend das Wort von der „Lücke, die ich reiße ...“ als „Antihybridicum und Antipathetikum“ ist, so falsch ist es

als „Antidepressivum", weil die Gefahr besteht, daß es Menschen nur kleinhält und kleinmacht. Und während ich, den Launen des Schicksals (oder der Vorsehung?) folgend, den Weg dieses geistlichen Lehrers nachgehe, merke ich, daß dieses Wort auch für ihn nicht zutrifft, weil weder eine Lücke noch ein Lüke ihn voll ersetzt, weil er genaugenommen unersetzbar ist.
Im Blick auf das Defizitäre der eigenen Existenz, das ja nicht zu bestreiten ist, hatte Nietzsche gemeint: „Wirf das Mißvergnügen über dein Wesen ab! Verzeihe dir dein eigenes Ich.“ Das kann niemand, weil Verzeihung einem nur vom anderen geschenkt werden kann. Aber wenn man erfährt, daß einem Verzeihung geschenkt ist, dann kann man versöhnt sein mit sich trotz allem, was einem unverzeihlich erschien. – Keine Lücke ersetzt Sie und mich; und wie großartig format- und raumfüllend Ihr und mein Nachfolger sein mag, es bleibt eine Restlücke, die auf Sie und mich verweist, die nur von Ihnen oder mir hätte geschlossen werden können. Unser Dasein und Tun ist wichtig, nicht weil wir uns wichtig machen können, sondern weil Gott uns und unser Tun wichtig nimmt. Unser alltägliches Leben und Tun hat Würde, weil Gott uns alltäglich seiner Gegenwart würdigt. Es hat Ansehen, weil Gott uns und unser Tun ansieht. Und wer die Selbstachtung nicht so gern mit Gott begründen möchte, der nehme Immanuel Kant (1724-1804): „Die Pflicht gegen sich selbst besteht darin, daß der Mensch die Würde der Menschheit in seiner eigenen Person bewahre.“ Aber die haben der einzelne wie die Menschheit nicht aus sich selbst, sondern als Geschenk Gottes.

Heimat auf Zeit – zeitlose Heimat

Da steht der Möbelwagen vor der Haustür; wieder einmal muß ich umziehen. Die ersten Umzüge habe ich mühelos mit einer Fuhre im VW-Käfer bewerkstelligt. Seitdem hat sich viel, vielleicht viel zu viel angesammelt. „Alles hat seine Stunde. Für jedes Geschehen unter dem Himmel gibt es eine bestimmte Zeit (...) eine Zeit zum Suchen, und eine Zeit zum Verlieren, eine Zeit zum Behalten und eine Zeit zum Wegwerfen." So steht es im Buch Kohelet aus der Mitte des 3. vorchristlichen Jahrhunderts. Ich hätte daraus lernen können oder sollen. Die Zeit zum Behalten habe ich genutzt, die zum Wegwerfen nicht so sehr. Mehrfach schon hatte ich meine alten Vorlesungsmitschriften in der Hand, um sie wegzuwerfen. Dann habe ich gedacht, schau noch einmal rein, bevor du sie wegwirfst. Und dann habe ich mich festgelesen und festgestellt, daß das so dumm gar nicht war, was da meine alten Professoren von sich gegeben haben, und mich entschlossen, das Wegwerfen noch einmal aufzuschieben. Vielleicht brauche ich dies oder das ja noch einmal ... Kleidung interessiert mich nicht, die ist schnell zusammengepackt. Aber Bücher über Bücher sind zu bewegen, kluge und klugscheißerische, geschwätzige und gelehrte, weise und wichtigtuerische, dickleibige und schmalrückige, ungelesene, gelesene, zerlesene. „Im übrigen, mein Sohn, laß dich warnen! Es nimmt kein Ende mit dem vielen Bücherschreiben, und viel Studieren ermüdet den Leib" (Koh 12,12). Recht hat er, der Prediger. Aber die Warnungen habe ich zumeist in den Wind geschlagen. Und so ermüdet nicht nur das Studieren den Leib, sondern auch das Bücherschleppen.

Mehr als zwei Jahrzehnte ist es her, da verbrachte ich als Diakon mit einem Pfarrgemeinderat ein Klausurwochenende in einem Kloster. Mein Kopf stand mir anderswo; denn mein Vater lag sterbenskrank in der Klinik meiner Heimatstadt. Sonntags nachmittags endlich konnte ich mich ins Auto schwingen und zu ihm fahren. Bis nach Mitternacht saß ich an seinem Bett und wir besprachen vieles miteinander. Dann aber war ich so erschöpft, daß ich für eine paar Stunden Schlaf nach Hause fahren wollte. Und da stellte ich fest, daß ich sämtliche Hausschlüssel verloren hatte; wie also ins Haus, ins Elternhaus kommen? Ich bat meinen Vater, mir seine Schlüssel zu leihen. Er gab sie mir gern und setzte ganz ohne Wehmut hinzu: Du kannst sie behalten; ich brauche sie nicht mehr.

In aller Herrgottsfrühe fuhr ich am Morgen wieder zum Krankenhaus, um bei ihm zu sein. Beim mittäglichen Angelusläuten begann sein kurzer stiller Todesweg, der ihn aus dem Haus der Zeit herausführte.
Er brauchte seinen Schlüssel wirklich nicht mehr, und ich habe den Meinen nie wiedergefunden. So benutze ich noch immer den Seinen, wenn ich in mein Elternhaus gehe. Vater und Mutter haben mir das Haus der Zeit aufgeschlossen und innerlich erschlossen. Ihr Altern und Sterben machen mir deutlich, daß wir allesamt, also auch ich, gekündigt sind in diesem Haus der Zeit. Was uns unterscheidet, sind lediglich die Kündigungsfristen. Was hinterlasse ich in diesem Haus der Zeit? Ist es bewohnbar geblieben, bewohnbarer geworden durch mich?
Ein letztes Mal leere ich den Postkasten und finde Grüße und kleine Präsente von Menschen, die mir sagen, was ich ihnen gewesen bin, ohne daß ich es selbst gewußt hätte. Ihnen zu sagen, was sie mir gewesen sind, bringt mich an den Rand meiner mühsam bewahrten Fassung. Und so nehme ich die vielen Bücher und hoffe, es möge in dem einen entscheidenden auch mein Name verzeichnet sein, im Buch des Lebens. Zugleich nehme ich dankbar die hilflosen und hilfsbereiten guten Wünsche und Segenswünsche mit und gebe den Schlüssel zum Haus meiner Übergangsbeheimatung, zum Haus meiner Übergangszeit ab. Und dabei übe ich die letzte Schlüsselübergabe, die mir und uns allen bevorsteht. Sie fällt leichter, wenn sie von Dank und Segenswünschen begleitet wird.
Den Schlüssel in das Haus jenseits der Zeit, das Haus ohne Kündigungsfristen, habe ich noch nicht in Händen. Aber ich verlasse das Haus der Zeit in der Gewißheit einer zeitlosen Beheimatung. – Die ersten Umzüge paßten in eine Kleinwagenfuhre, der letzte ganz gewiß auch. Ich will ihn nicht durch Behalten verarmt sondern durch Weggeben bereichert antreten. Ich will ihn antreten in der Hoffnung, daß mir jemand, der mir gut ist wie Vater und Mutter, das Haus nach der Zeit aufschließt und erschließt, das Haus, in dem ich nicht nur Heimat auf Zeit, sondern zeitlos Heimat finde.

Kirchen-politisch

... auf krummen Linien gerade?

Sie haben sicher alle in letzter Zeit die schwierige Auseinandersetzung um das Thema Abtreibung verfolgt. Ältere werden wissen, daß diese Auseinandersetzung um die Paragraphen 218/ 219 StGB schon 30 Jahre dauert.
1973 haben wir als Studenten einen Protest-Fußmarsch von Münster nach Bonn gemacht und wurden dort mit lauwarmen Absichtserklärungen für den Lebensschutz vertröstet, die das Papier nicht wert waren, auf dem sie standen.
Was immer manche glauben mögen, fest steht: Es gibt kein Recht auf Abtreibung, sondern nur unter bestimmten Bedingungen die Zusicherung der Straffreiheit. Die Tat selber ist nach Auskunft unseres Rechtssystems Tötung menschlichen Lebens. Und nach Auskunft von Moraltheologen laden Menschen, die die Abtreibung durchführen oder an sich geschehen lassen, obwohl das Leben der Mutter durch diese Schwangerschaft nicht auf dem Spiel steht, Schuld auf sich.
Vom Staat anerkannte kirchliche Stellen haben seit Jahrzehnten Frauen in Konfliktlagen Hilfe vermittelt und beraten und darüber einen Beratungsnachweis ausgestellt.
Das war nie ein Freifahrts- oder Berechtigungsschein für die Abtreibung, wohl war er aber erforderlich für die Straffreiheit der Abtreibung. Nun denunziert ein Bischof diesen Schein als „Lizenz zum Töten“ und schafft es, seine böswillige Unterstellung, die Kirche wirke durch ihre Beratungsstellen mit an der Tötung menschlichen Lebens, im Vatikan hoffähig zu machen. Und der verbietet die Ausstellung dieses Beratungsnachweises.
Nun gibt es ca. 5.000 Fälle jährlich in der BRD, da hat die Mutter die Abtreibung ins Auge gefaßt und geht in eine katholische Beratungsstelle, um sich den Beratungsnachweis zur straffreien Abtreibung zu besorgen.

Aber nach der Beratung sieht sie die Dinge anders; denn durch die Beratung ist ihr aufgegangen, daß sie soeben im Begriff war, ihr Kind von einer dabei gut verdienenden Abtreibungsindustrie töten zu lassen, daß sich in ihrem Uterus nicht etwas Tierisches erst noch zum Menschen, sondern genetisch gesehen ein Mensch als Mensch entwickelt.
Vielleicht hat sie auch begriffen, daß nach der Tötung eben nicht alles wieder ist wie vorher, sondern neben selteneren medizinischen Problemen häufiger auch psychische und psychosomatische Probleme auftreten (Post-Abortion-Syndrom).
Darum wird man die Verantwortlichen im Vatikan fragen müssen, mit welchem Recht sie die Beraterinnen, die vielleicht einzige Lobby für das abtreibungsgefährdete ungeborene Kind, von ihrem Posten abberufen. Denn genau das passiert indirekt, weil eine Frau, die für die beabsichtigte Abtreibung einen Beratungsschein haben will, keine katholische Beratung mehr aufsuchen wird; denn sie weiß, daß sie dort keinen solchen Schein bekommt.
Vielleicht sind nur 25 Prozent der Beratungsfälle ausgesprochene Konfliktberatungen, in denen es um Leben oder Tod des Kindes geht. Aber in diesen 25 Prozent beratungsbedürftiger Frauen sind 100 Prozent der Kinder, die überhaupt nur gefährdet sind. Und hier nicht beratend und helfend bereit zu stehen, ist unterlassene Hilfeleistung!
Einige Bischöfe haben vor kurzem noch laut von ihrem Gewissen gesprochen, dem auch dann Rechnung zu tragen sei, wenn der Vatikan zu einer anderen als der ihrer Gewissenspflicht entsprechenden Lösung käme. Sind diese Bischöfe jetzt umgefallen, hat sich ihr Gewissensurteil plötzlich durch römische Eingebung gewandelt, war ihr Urteil vorher nicht gewissenhaft?
Man wird aber auch unsere Politiker fragen müssen, wie sie es mit ihrem Gewissen und, falls ihnen das abhanden gekommen sein sollte, wie sie es mit dem Grundgesetz vereinbaren können, 200.000 intrauterine Kindstötungen jährlich nach Maßgabe der sogenannten sozialen Indikation hinzunehmen.

Es ist auch mit dem großen C und dem großen S, das einige Parteien für christlich und sozial im Schilde führen, nicht vereinbar, ein soziales Problem durch asoziale Tötungsmaßnahmen statt durch soziale Lebensschutzmaßnahmen zu „lösen“.
Man wird unsere Politiker fragen müssen, wie sie es mit Gewissen, Grundgesetz und dem S oder C ihrer Partei vereinbaren können, die medizinische Indikation, die eine schwangerschaftsbedingte Gefährdung des Lebens der Mutter ausschließen sollte, zu einer Abtreibungsmöglichkeit bis zum Ende der Schwangerschaft pervertieren zu lassen.
Jährlich passiert es nun einige dutzendmal, daß ein Kind, das man wegen einer pränatal diagnostizierten Behinderung abtreiben wollte, zur Welt kommt und noch lebt. Und erst durch ein Verhalten, das man unterlassene Hilfeleistung nennen müßte, wenn man das im Kontext eines Tötungsdeliktes noch kann, erst das Liegenlassen des noch lebenden abgetriebenen Fötus führt infolge der noch unterentwickelten Lungenreife zum Ersticken des Kindes oder zum Überleben mit zusätzlichen Behinderungen.
Darf man hoffen, diese Auseinandersetzung führt zu neuen menschlicheren Gesetzen, so daß man später wird sagen können: Gott schreibt auch auf den von Politikern und einigen Bischöfen peinlich krumm gezogenen Linien gerade? Arbeiten wir dafür, beten wir darum!

Verkaufs-Sonntag zum Sonntags-Verkauf

Haben Sie sich schon mal verkauft? Die Schuhe waren zu klein, oder die Hosenbeine zu kurz, das Auto ein Unfallwagen, der Computer überteuert. Wahrscheinlich hat sich jeder schon mal verkauft. – Derzeit sind die besonders Geschäftstüchtigen dabei, Ihnen und mir etwas anderes zu verkaufen. Es soll uns verkauft werden, daß wir besonders am Sonntag gut kaufen können, z. B. einen neuen Lokusdeckel oder ein Brautkleid, den für Montag dringend benötigten Roadster, das Eigenheim und die Lebensversicherung; denn vielleicht fährt Sie ja schon morgen Ihr Nachbar vor seinem Eigenheim mit seinem neuen Roadster tot, und Sie könnten am Montag froh sein, noch am Sonntag die Lebensversicherung abgeschlossen zu haben. So ist das: Buy! Just in time! – An einem Ort fangen die Geschäftstüchtigen schon mal an, ihr großes Geschäft zu machen. Das aber stinkt den Geschäftstüchtigen im Nachbarort und sie schreien laut und wie um ihr Leben: Kaufkraftabfluß. Und sie haben recht. Wenn einer am Sonntag sein Geschäft macht, dann gehört das in den Abfluß. Aber ein altes deutsches Sprichwort wußte schon: „Wenn mit dem Taler geläutet wird, öffnen sich alle Türen." Das gilt natürlich auch für die Ladentüren am Sonntag. Im nächsten Ort macht man darum nun auch schnellstens sein Gebetbuch zu und noch schneller den Laden, manchmal sogar den Gebetbuchladen, auf. Und wenn die Angestellten meutern, dann heißt es: „Seien Sie froh, daß Sie überhaupt Arbeit haben. Millionen Menschen hätten gern Arbeit und bekommen keine!" Und wenn die Angestellten sagen: „Aber ‚am siebten Tage ruhte Gott'", dann sagt der Chef: „Sie sind hier, weiß Gott, nicht der Herrgott!" Und wenn der Angestellte sagt: „Aber ‚das ist der Tag des Herrn!'", dann sagt der Chef: „In diesem Laden bin ich der Herr." Und dem Angestellten bleibt nur ein tapferes: „Jawohl, wie Sie meinen, Herr Mammon!" Und wenn Sie wiederum die deutsche sprichwörtliche Volksweisheit ins Feld führen: „Was der Sonntag erwirbt, der Montag verdirbt", heißt es: „Dann machen wir eben am Montag zu!" – Es gibt eben Menschen, die verstehen vom Sinn des Sonntags soviel wie die Kuh vom Sonntag. Schade! Bei dem Münchner Dichter und Nobelpreisträger (1910) Paul von Heyse (1830-1914) hätten sie schon lesen können: „Es bleibt der letzte und allgemeine Maßstab für den Wert eines Menschen, ob er auch der Andacht fähig ist, ob er seine Gedanken vom Staub des Werktages losmachen und eine Feiertagsstille in sich erzeugen und würdig genießen kann." Wem das zu fromm ist, der mag sich an die chinesische Weisheit halten: „Einen Tag ungestört in Muße zu verleben, heißt einen Tag lang ein Unsterblicher sein." Aber einige in der Partei mit dem großen C wie christlich und in der Partei mit dem großen S wie sozial gönnen die Unsterblichkeit nur dem DAX. Und die schreien in fraktionsübergreifendem babylonischem Sprachwirrwarr: Rendite, Lean-Production, Euro, Outsourcing, Globalisierung. Und man könnte denken, sie dächten an vieles und an viele; aber in Wirklichkeit denken sie alle nur an sich und an das Eine. Und dazu sagt ein italienisches Sprichwort: „Wer alles bloß des Geldes wegen tut, wird bald des Geldes wegen alles tun." – Und weil in manchen Regionen an Brauchtumssonntagen die Geschäfte geöffnet sein dürfen, brauchen wir uns um das Wachstum beim Brauchtum keine Sorgen mehr zu machen. Denn Brauchtum heißt Brauchtum, weil man es braucht, um Wachstum in Geschäften zu machen. – Zwar ist es in Italien, Griechenland und Spanien, in den Niederlanden, Norwegen, Dänemark und Österreich wie bei uns in Deutschland verboten, am Sonntag Geschäfte zu machen. Aber die Briten, die haben an sieben Tagen in der Woche rund um die Uhr ihre Läden auf und machen täglich und rund um die Uhr ihr Geschäft, ihr großes Geschäft. Darum heißen sie auch mit Fug und Recht Großbritannien. Da schreien wir laut und wie um unser Leben: Wirtschaftsstandort Deutschland! Kaufkraftabfluß durch den Ärmelkanal! Skandal! – Der Arzt, Priester und Dichter Angelus Silesius (1624-1677) hat nicht geschrien, sondern geschrieben schon vor über 300 Jahren:

„In dir muß Reichtum sein. Was du nicht in dir hast,
wär's auch die ganze Welt, ist dir nur eine Last."
Und:
„Der Reiche, wenn er viel von seiner Armut spricht,
so glaub es ihm nur gern, er lügt wahrhaftig nicht."

Auch, ja gerade, wenn man sein Geschäft am Sonntag macht, stinkt das zum Himmel. Und wer dauernd, also auch am Sonntag, kaufen will, verkauft auf Dauer den Sonntag. Und dabei kann man sich nicht nur hier und da verkaufen, sondern weit schlimmer, man kann sich selbst verkaufen. Denn wer auf Dauer den Sonntag verkauft, der verkauft auf Dauer sich selbst.

Göttlich natürlich und natürlich göttlich

Staunen weltweit und hautnah

Ich habe meine Ferien in den Südtiroler Bergen verbracht. Eines Nachts, als ich nicht schlafen konnte, bin ich zur Kirche des Dorfes gegangen. Sie liegt mehr als 1.200 Meter hoch über dem Etschtal und ist wie viele Kirchen umgeben vom Friedhof der Gemeinde. Ein kleiner, enger Friedhof ist es, auf dem es keine breitgelagerten üppigen Familiengruften gibt, sondern nur dicht an dicht enge kleine Einzelgräber. Und auch darin ruhen, wie die Namen ausweisen, oft mehrere Generationen von Toten. Man braucht nur noch wenig Platz, wenn man so weit ist, wie die hier sind. Auf jedem Grab steht ein schönes, altes schmiedeeisernes Kreuz. Symbole einer auch vom Tod nicht zu begrabenden Lebenshoffnung sind daran geschmiedet: Brot und Wein, Ähren und Trauben, Kreuze wie Lebensbäume, Sonnen, Worte der Hl. Schrift. Auch die Symbole bäuerlicher und handwerklicher Arbeit sind nicht nur posthume Selbstdarstellung, sondern Erinnerung daran, daß unser Tun eine bleibende Bedeutung hat vor Gott. Überall sind den Namen der Verstorbenen kleine Bilder beigefügt, so daß sie über den Tod hinaus Namen und Gesicht behalten bei den Lebenden, so wie sie beim lebendigen Gott Namen und Gesicht haben. Sie gehen mit ihrem Tod nicht verloren in die Gesichts- und Namenlosigkeit. – Es war eine sternklare Nacht, und ich konnte etwas ahnen von den unendlichen Weiten, die unser abseitiges Gestirn umgeben. Man sieht sich und seine kleine Welt anders, wenn man erst einmal auf das nächtliche Firmament schaut und dann erst auf sich. – Und noch einen anderen Blick konnte ich tun, Hunderte von Metern tief hinab ins Etschtal. Wie eine tiefe Wanne liegt es da mit Rändern aus Bergen von über 2.000 Meter Höhe. Hunderte von Jahrmillionen haben diese Erdformation aus Porphyr und Dolomit aufgetürmt. Und einstmals war das, was nun Tausende von Metern zum Himmel hochragt, überspült vom Meer und lag am Äquator. Aus dem einen Urkontinent Pangäa haben sich durch unvorstellbare Kräfte mit der Wegenerschen Kontinentalverdriftung die fünf heutigen Kontinente gebildet. – Lächerlich sind die wenigen Jahrmillionen, seit es Vor- und Frühmenschen gibt, und noch lächerlicher die hunderttausend Jahre, seit es den modernen Menschen gibt, der sich auf sich und sein Tun so unglaublich viel einbildet. Und das mühsam erarbeitete wundervolle Wein- und Obstanbaugebiet, das sich bei Tageslicht wie ein alle Grünschattierungen umfassender Flickenteppich ausnimmt, ist erst einige Jahrhunderte alt.

Aber ganz nahe ist, was wir am ehesten und zumeist als Bedrohung verstehen, der Friedhof und der Tod. Wir führen ein rätselhaftes Dasein auf dieser rätselhaften Welt, in der wir uns selbst ein Rätsel sind und bleiben. Die Menschen hier haben auf den Gräbern mit Dutzenden von roten Lämpchen unter dem umfassenden, ewig anmutenden Himmel und zwischen den gewaltigen erdgeschichtlichen Formationen winzige Hoffnungsfünkchen entzündet. – Wie bekommen wir das zusammen, das belanglos scheinende Klein-Klein unserer individuellen Lebensgeschichte und die gewaltigen Zeiten und Räume des Weltalls und der Erdgeschichte? Wir Menschen sind vielleicht nicht das wichtigste, aber immerhin ein Ergebnis dieser Kosmo-, Geo- und Biogenese. Und was heißt das? „... dann muß der Mensch endlich aus seinem tausendjährigen Traum erwachen und seine totale Verlassenheit, seine radikale Fremdheit erkennen. Er weiß nun, daß er seinen Platz wie ein Zigeuner am Rande des Universums hat, das für seine Musik taub ist und gleichgültig gegen seine Hoffnungen, Leiden oder Verbrechen", meinte der Biologe und Nobelpreisträger Jaques Monod (1910-76). Auch der Psalmbeter kannte das Staunen über den Kosmos und die rätselhafte Existenz des Menschen darin: „Was ist der Mensch, daß du an ihn denkst, des Menschen Kind, daß du dich seiner annimmst?" (Ps 8). Aber er findet im Blick auf Gott zu einer anderen Antwort als Monod, zu einer stolzen und zu einer demütigen: „Du hast ihn nur wenig geringer gemacht als Gott, hast ihn mit Herrlichkeit und Ehre gekrönt"

(Ps 8); „In seiner (Gottes) Hand sind die Tiefen der Erde, sein sind die Gipfel der Berge. Sein ist das Meer, das er gemacht hat, das trockene Land, das seine Hände gebildet. Kommt, (...) laßt uns niederknien vor dem Herrn, unserm Schöpfer“ (Ps 95).
In den ungeheuren Weiten dieses sternklaren Himmels über mir und dieser nächtlichen Welt unter mir und angesichts der bedrängenden Nähe und Enge des Todes auf dem Friedhof um mich herum ahne ich: Nur einen, unsern letzten Atemzug sind wir entfernt, von dem, „der Himmel und Erde gemacht hat“. Und der hat ein Auge auf uns, hat ein Herz für uns und reicht uns im Sterben die Hand zum Leben.

Gebotene Bücher

Wissen Sie noch, was Ihr erstes Buch war? War es ein Bilderbuch? Haben Sie es vielleicht sogar noch? Und was war oder was ist Ihr Lieblingsbuch? Was ist Ihr wichtigstes Buch? Können Sie sich noch an „verbotene Bücher“ erinnern, die, in denen das „pralle Leben“ vorkam, die Sie dann doch mit roten Ohren und mit Angst, dabei erwischt zu werden, gelesen haben?
Mein erstes eigenes, sozusagen selbstverdientes Buch war ein kleines Gebetbuch; ich habe es noch. Selbstverdient war es, weil ich es als Belohnung dafür bekommen habe, erstmals beim Haarewaschen nicht geheult zu haben. Das Gebetbuch ist eine „Tapferkeitsauszeichnung“ (Vorschlag für die Bundeswehr?)! Und ein anderes wichtiges Buch hieß „Die Wurzelkinder“ und erzählte in herrlichen Bildern den Naturablauf eines Jahres. Die Gräser waren dargestellt als kleine Jungen, die Blumen als kleine Mädchen. (Die erste Einteilung in mono- und dikotyle Pflanzen, ein- und zweikeimblättrige, war damit gegeben.) Damit hatte ich ein Buch, das von Gott erzählt, und ein Buch, das von der Natur erzählt. Beide Bücher und viele ihrer Folgebände sind mir wichtig geworden.

Das größte Buch, das ich besitze, hat mir eine liebenswerte alte Frau geschenkt, die Bibel, das Buch der Bücher, mit prachtvoller Buchmalerei. Und das kleinste Buch, das ich besitze, ist mit bloßem Auge nicht zu erkennen, und ich muß es unters Mikroskop legen, es ist eine lebendige Zelle. Sie ist das Buch der Natur, in dem unglaublich komprimiert eine gewaltige unausgeschöpfte Lebens-Weisheit niedergelegt ist. – Manchmal hat die Kirche das Buch der Bücher, die Bibel, mißverstanden. Es ist ein Buch, in dem das pralle Leben vorkommt, nichts Menschliches, auch nicht das Menschlich-allzu-Menschliche ist ihm fremd. Die Prüderie vergangener Zeiten hat es darum wie ein verbotenes Buch behandelt und zensiert. Eine gouvernantenhafte Religionspädagogik hat das Buch der Bücher entschärft und Textharmonien vorgelegt, die wie Milchpapp schmeckten.
In der Auseinandersetzung um Galileo Galilei (1564-1642) sprach man auch von den zwei Büchern, dem Buch der Hl. Schrift und dem Buch der Natur. Und es ging um die Frage, ob man berechtigt sei, mit Dingen, die man aus dem Buch der Natur gelesen und gelernt hatte, das Buch der Hl. Schrift zu korrigieren. Oder steht die letzte Wahrheit im Buch der Schrift, und man muß von daher die Einsichten aus dem Buch der Natur korrigieren? – Erst haben Theologen den Naturwissenschaftlern das Buch der Schrift um die Ohren gehauen, obwohl ihnen ihr eigenes Buch noch ein Buch mit sieben Siegeln war und ist. Dann haben Naturwissenschaftler den Theologen das Buch der Natur um die Ohren gehauen, obwohl auch ihr Buch noch eines mit sieben Siegeln war und ist. Rechthaberisch waren sie beide, und so stehen sie denn mit roten Ohren da. Der Satiriker Georg Lichtenberg (1742-1799) hatte schon bemerkt: „Wenn ein Kopf und ein Buch zusammenstoßen, und es klingt hohl, ist denn das allemal im Buch?"
Selbst die wissenschaftlichsten unserer theologischen Werke sind angesichts dessen, was wir von Gott nur erahnen, weit lächerlicher als mein erstes Kindergebetbuch mit heutigen Augen betrachtet. Und die wissenschaftlichsten unserer naturwissenschaftlichen Kompendien sind angesichts dessen, was wir von Gottes Schöpfung nur er-

ahnen, weit kindlicher, als mein Naturbilderbuch mir heute erscheint. Und die philologischen Mäuseköttelspalter unter den Schriftgelehrten und die biochemischen Reagenzglasschwenker unter den Naturgelehrten, die sich jeweils ein Monopol auf die Welterklärung ans Revers heften, sind albern, armselig und lächerlich.
Emanuel Geibel hat 1839 ein Gedicht mit dem Titel „Morgenwanderung“ geschrieben, das von Gustav Klauer (1827-1854) vertont wurde („Wer recht in Freuden wandern will“). Da heißt es in der 2. Strophe:

„Die ganze Welt ist wie ein Buch,
darin uns aufgeschrieben
in bunten Zeilen manch ein Spruch,
wie Gott uns treu geblieben.
Wald und Blumen nah und fern
und der helle Morgenstern
sind Zeugen von seinem Lieben.“

Wenn Ihnen das Lesen im Buch der Schrift oder das Lesen im Buch der Natur die Augen öffnet für den, von dem beide Bücher voll sind, dann können sie vielleicht bei einer Maiwanderung oder im Gottesdienst vor Freude und Dank mitsingen.
Viel besser als verbotene fände ich gebotene Bücher, und das Buch der Schrift sollte wie das Buch der Natur dazugehören! Lernen können wir aus beiden dies: Leben, wie es im Buche steht, bis wir im Buche des Lebens stehn.

Nur eine Geschichte für den A.?

Was sind die wichtigsten Werkzeuge für den Geisteswissenschaftler? Eine Bibliothek? Der Internetanschluß? Die Fachsymposien? Die eigene zerebrale Festplatte? Ein Werkzeug wird gemeinhin unterschätzt: Das Sitzfleisch an der Werkbank des Geisteswissenschaftlers, dem Schreibtisch. Nach zwanzigjähriger treuer rückwärtiger und hinterhältiger Unterstützung machte die Rückenlehne meines

Schreibtischstuhls schlapp. Es lag, wie ich als blutiger, um nicht zu sagen als Blutbad-Laie schnell erkannte, an der Gasdruckfeder der Rückenlehne. Sollte ich nun bis zum Ende meiner Tage selbst beim Sitzen Rückgrad zeigen? Da der Stuhl ansonsten weniger Alterserscheinungen aufwies als sein Besitzer, beschloß ich eine Reparatur und rief also diesbezüglich eine Büromöbelfirma an. Als ich einräumen mußte, der Stuhl sei schon 20 Jahre alt und, weit schlimmer, nicht bei ihnen gekauft, war das Gespräch sehr schnell zu Ende. Ich sollte bitteschön dahin gehen, wo ich den Stuhl gekauft hätte oder, besser noch, den Stuhl entsorgen. Auf hartnäckige Nachfrage bekam ich, da diese Firma Pleite gemacht hatte, eine andere Spezialadresse genannt. Der freundliche Hausmeister der Fakultät, mit Herz, Hirn und Hand ein Techniker, baute die Gasdruckfeder aus, und ich radelte zum genannten Büromöbelspezialisten. Nein, eine solche Feder habe man nicht, ich solle (zum Zweiten) den Stuhl doch entsorgen und mir einen neuen kaufen. Aber weil ich ein bockiger Westfale bin, entzifferte ich mit der Lupe den Namen einer Schweizer Vertriebsfirma auf dem Klebeetikett der Feder und suchte übers Internet nach der Firma. Auch sie existierte nicht mehr. Also versuchte ich es über den Hersteller der Gasdruckfeder, eine Firma in Bayern. Ich rief an, gab Newton-Zahl, VOB-Nummer und KW-Nummer der Herstellung an. Der Firmenvertreter machte aus diesen Daten per Computer eine achtstellige Teile-Nummer und eine vierstellige Auftrags-Nummer und eine ebensolche Gasfeder-Stückzahl, verkaufen konnte er sie mir nicht. Statt dessen orakelte er etwas von in der Schweiz gefertigten und nach England gelieferten Stühlen. Von dort waren sie ausweislich meiner Einkaufsadresse in dem starken Stück Deutschlands gelandet, das man Ruhrgebiet nennt. Schließlich empfahl er, (zum Dritten) das Sitzmöbel zu entsorgen und was Neues anzuschaffen. Auf hartnäckige Nachfrage rückte er schließlich noch die Telefonnummer der Vertriebsfirma in England heraus. Ich wälzte mein Wörterbuch (Wissen Sie was Gasdruckfeder im Englischen heißt?) und telefonierte beherzt über den Kanal. Mein Englisch war so überzeugend, daß die Zentrale mich weiterreichte an einen Mitarbeiter, dessen Englisch derart bayrisch klang, daß wir Deutsch miteinander redeten. Und der versicherte mir, was ich schon lange ahnte: Wanns mi frogn, tät i sogn, de hoam eanen veroarscht. Aber er wolle sich gleichwohl um die Sache kümmern und zurückrufen. Als er das nicht innerhalb von 14 Tagen tat, fragte ich wieder nach. Aber er konnte mir dabei nur mitteilen, daß die Herstellung einer solchen oder ähnlichen Gasdruckfeder fast so teuer sei wie ein neuer Stuhl. Ich sollte also ... (zum Vierten) und mir einen neuen ... Sie wissen schon. Aber ich dachte: Jetzt erst recht nicht, wozu ist man schließlich gelernter Westfale. Der Hausmeister, auch er von diesem bockbeinigen Schlag, hatte schließlich eine gute Idee: Er versteifte die Gasdruckfeder per Schweißgerät auf der Länge, die mir eine aufrechte Rückenhaltung aufnötigt. Mit Hinfläzen ist nichts mehr, von jetzt an bewahre ich Haltung, wenigstens am Schreibtisch.

Es mag dem einen oder anderen ja scheinen, als mache da jemand zuviel Aufhebens um den eigenen verlängerten Rücken. Aber solange wir das Wort Ökologie (anders als manche ehedem Grünen) noch schreiben können, sollte man vielleicht doch auf der Stellung und Beantwortung einiger Fragen bestehen: Warum tolerieren wir eine derartige Rohstoffverschwendungs- und Wegwerfmentalität, lassen uns dazu erziehen, ja nötigen? Warum neigen wir dazu, lästige Fälle weiterzuschicken und uns, jeder von uns ist irgendwem irgendwann lästig, von Pontius nach Pilatus weiterschicken zu lassen? Und schließlich mehr an mich selbst gefragt: Warum suchen wir die Lösung von Alltagsproblemen in Übersee und nicht vor oder gar hinter der eigenen Haustür, wo erstaunlich viele nette Menschen wohnen? Man muß sie nur ansprechen und erfährt, daß sie ansprechbar, ja sogar außerordentlich ansprechend sind. Also doch keine Geschichte nur für den A. sondern fürs Rückgrad?!

Lyrisch-katholisch

Unnennbar und näher als wir uns selbst

„Die enttäuschende Antwort des alttestamentlichen Gottesbildes auf das religiöse und philosophische Fragen nach Gott“, so steht es auf dem Deckblatt der Diplomarbeit, die ich begutachten soll. Eine Studentin hat da auf 140 Seiten alttestamentliche und philosophische Gedanken über Gott gründlich nach-gedacht und neu durchgedacht. Aber ganz vorn, noch bevor die Seitenzählung beginnt, das steht ein Gedicht, eines von Nelly Sachs. Sie war eine deutsch-jüdische Dichterin, die 1891 in Berlin geboren wurde, 1940 vor den Nationalsozialisten nach Schweden geflohen und dort in Stockholm 1970 gestorben ist. 1966 hatte sie den Nobelpreis für Literatur erhalten.

„Abgewandt
warte ich auf dich
weit fort von den Lebenden weilst du
oder nahe.
Abgewandt
warte ich auf dich
denn nicht dürfen Freigelassene
mit Schlingen der Sehnsucht
eingefangen werden
noch gekrönt
mit der Krone aus Planetenstaub –
die Liebe ist eine Sandpflanze
die im Feuer dient
und nicht verzehrt wird –
Abgewandt
wartet sie auf dich –“

Es ist wie fast immer bei Nelly Sachs eine reimlose Lyrik von schwermütig-herber Bildlichkeit. Wie soll man sich auf „etwas so Ungereimtes“ einen Reim machen?

„Abgewandt" warten heißt nicht desinteressiert oder gelangweilt warten. Der Gott, auf den wir warten, ist so, daß wir ihn nicht direkt ansehen, sondern nur indirekt wahrnehmen können, da seine Unfaßlichkeit unser Fassungsvermögen überschreitet, da die Endlichkeit unseres Begreifens an seiner Unendlichkeit scheitert. Nur abgewandt, nur indirekt wie das Licht der Sonne können wir ihn ertragen, nur die Brechung seines Lichtes wahrnehmen und aufnehmen, nur die Spuren, die er hinterläßt in seiner Schöpfung und in unserem Leben. Nicht mehr abgewandt, sondern ganz und gar zugewandt dürfen wir am Ende der Lebenszeit den zeitlebens Erwarteten wahrnehmen, von Angesicht zu Angesicht, wie die Bibel sagt. Aber ist Gott „weit fort von den Lebenden ... oder nahe"? Vielleicht beides zugleich; denn der Herr der Zeit, der Herr über die Zeit ist nur einen – nur den letzten – Atemzug von uns entfernt, also ganz nahe gegenwärtig.
Und die „Krone aus Planetenstaub", was soll das sein? Ich deute es so, daß selbst die gekrönten Häupter dieser Welt gekrönt sind mit etwas Vergänglichem (Staub). Und wären sie selbst mit Planeten gekrönt, die Planeten wären wie Staub in den unfaßlichen Weiten. Gott ist nicht angemessen zu krönen mit dem Vergänglichen. – Und dann steht da der merkwürdige Satz: „die Liebe ist eine Sandpflanze / die im Feuer dient / und nicht verzehrt wird –" Die Liebe wächst und brennt auf dem kargen Sandboden unserer Existenz. Hier spielt Nelly Sachs auf den brennenden, aber nicht verbrennenden Dornbusch (Ex 3,1-15) an, in dem sich der namenlose Gott vor Mose einen Namen gibt: „Ich bin der 'Ich-bin-da'". Andere ebenso rätselhafte Übersetzungen lauten „Ich bin, der ich (für euch) dasein werde" oder „Ich werde dasein als der ich dasein werde". Ganz gleich, wie man es übersetzt, es ist und bleibt ein höchst rätselhafter, ein im wahrsten Sinne merk-würdiger Name. Nelly Sachs nennt diesen für den Menschen entbrannten Gott auch mit dem anderen Namen Liebe. Die Liebe, die Gott ist, nötigt uns nicht, sie ist kein Gebot, sondern ein Angebot, wird nicht befohlen, sondern anempfohlen. „Abgewandt / wartet sie auf dich –".

In diesem „Ich bin der 'Ich-bin-da'" schwingen Ferne Gottes und Nähe mit („weit fort von den Lebenden weilst du / oder nahe"), in diesem Namen ist seine Unverfügbarkeit für uns Menschen ausgesagt (nicht (...) mit Schlingen der Sehnsucht / eingefangen (...) / noch gekrönt / mit der Krone aus Planetenstaub –"), aber auch seine hilfreiche Nähe, wann immer wir sie brauchen. In diesem Namen „Ich bin der 'Ich-bin-da'" spricht sich Gottes Dynamik und seine liebende, Raum und Zeit überschreitende Allgegenwart aus. – In den Tiefen unserer Verzweiflung und Angst: „Ich-bin-da". Auf den Gipfeln der Anerkennung und des Glücks: „Ich-bin-da". In den Wüsten unserer Orientierungslosigkeit: „Ich-bin-da". In den Sümpfen der Traurigkeit und Depression: „Ich-bin-da". In der umnachteten letzten Einsamkeit unserer Sterbensnöte: „Ich-bin-da". – Die Studentin hat ihr Examen gut bestanden. Wir werden das Examen unseres Lebens dann gut bestehen können, wenn uns – an welchem Lebensort und in welcher Lebenszeit auch immer – mehr und mehr aufgeht, daß Gott uns nahe ist, wie sehr Gott uns nahe ist, näher als wir uns selbst.

Suche dich, Seele

Wenn Sie mit Gedichten, und obendrein noch frommen, prinzipiell nichts anfangen können, dann sollten Sie dies „Prinzip" einmal außer Kraft setzen und nicht weiterblättern, sondern weiterlesen.
Vor mehr als zwei Jahrzehnten stieß ich auf ein merkwürdiges Gedicht der Gertrud von le Fort (1876-1971), das mir bis heute im Kopf ist, weil es eine merkwürdige Erfahrung verdichtet, die ich dann und wann machen durfte. Vielleicht ist diese Erfahrung auch Ihnen nicht fremd und verbindet sich für Sie mit tiefen Selbst- und Gotteserfahrungen.

„Mich ruft zuweilen eine
Stille,
Die alles Tönen überschweigt,

Bis ein geheimnisvoller
Wille
Sich über meine Seele
neigt.
Der sprengt im Zittern von
Sekunden
Dies enge Haus – die Welt
ist Traum!
In ferne Täler sanken
Stunden
Und flüsternah ward jeder
Raum.
Da komm ich zu dir ohne
Schritte,
Auf pfadlosen Pfades
Spur,
Und kein Gewähren, keine
Bitte
Verschattet eine selge Flur.
Ich bin an dich dahingegeben
Als je und je dir zugedacht,
Du hüllst mich ein
wie Licht und Leben
Mit ursprungtiefer Liebesnacht,
Und alle Qual, die mich
zerrissen,
Als trüg ich Wahn und
Aberwitz,
War nur das zeitlich
dumpfe Wissen
Um einen ewigen Besitz."

Vielleicht verstehen Sie nicht sofort und beim ersten Lesen, was gemeint ist, aber es lohnt sich, die Verse einmal genauer durchzuspüren und zu durchdenken:

„Mich ruft zuweilen eine
Stille,
Die alles Tönen überschweigt,
Bis ein geheimnisvoller

Wille
Sich über meine Seele neigt."

Daß man die Hohltöner und Großtöner übertönen muß, das kennen wir, bis alles im Getöne und Getöse versinkt. Aber eine Stille, die das Tönen überschweigt, kennen Sie das auch, eine tiefe Stille, die wie ein Anruf, ein Aufruf ist, eine Stille, die unsere Sehnsucht stillt? In solcher Stille geht das eigene seelische Chaos unter und durch einen geheimnisvollen Willen eine innere Harmonie auf.

„Der sprengt im Zittern von Sekunden
Dies enge Haus – die Welt ist Traum!
In ferne Täler sanken Stunden
Und flüsternah ward jeder Raum."

Die Enge unseres Daseins, unserer Existenz wird aufgesprengt, daß sie so abwegig erscheint wie ein Traum beim Erwachen. Zeit und Raum spielen keine Rolle mehr in solchen Momenten. Stunden verschwinden im Zittern von Sekunden und unendlich scheinende Distanzen rücken zusammen, dass sie flüsternd zu überbrücken sind.

„Da komm ich zu dir ohne Schritte,
Auf pfadlosen Pfades Spur,
Und kein Gewähren, keine Bitte
Verschattet eine selge Flur."

Dann vollzieht sich eine Begegnung, die keine Schritte braucht und keinen vorgezeichneten Dienstwegen folgt, der das Bitten um Audienz und die Gewährung eines Anhörungstermins zutiefst fremd sind. Es ist da nur die weite, ungetrübte Seligkeit schattenloser Begegnung, vollendet wortlose Kommunikation.

„Ich bin an dich dahingegeben
Als je und je dir zugedacht,
Du hüllst mich ein wie
Licht und Leben
Mit ursprungtiefer Liebesnacht"

Können Sie solche Begegnungen nachempfinden: Hingabe, wie in den tiefsten und dichtesten Momenten menschlicher Liebe und das Gefühl, wie von Ewigkeit her aufeinander bezogen, füreinander bestimmt, von Licht und Leben ganz umfangen zu sein?

„Und alle Qual, die mich zerrissen,
Als trüg ich Wahn und Aberwitz,
War nur das zeitlich dumpfe Wissen
Um einen ewigen Besitz."

Nach solcher Erfahrung wird einem klar: Alle innere Zerrissenheit, aller Wahnwitz resultiert daraus, daß die Erfahrung des Ewigen die Enge des Zeitlichen sprengt, daß die Wahrnehmung des Unendlichen an der Endlichkeit des Wahrnehmenden scheitert. Daß wir Besitzlosen und Habenichtse des Zeitlichen Besitzer des Ewigen sein sollen, daß wenn wir schon nicht Gott besitzen, so doch Gott uns besitzt, unsere Sehnsucht stillt, unsere Hoffnung erfüllt. – Gertrud von le Fort hat im „Prologos" auch andere Erfahrungen beschrieben: „Herr, es liegt ein Traum von dir in meiner Seele, aber ich kann nicht zu dir kommen, denn alle meine Tore sind verriegelt ... es fällt kein Strahl von dir in meine Tiefen, es fällt immer nur in sie das Mondlicht meiner Seele! Wie bist du hereingekommen, du Stimme meines Gottes?" – Vielleicht dürfen wir uns zur Selbst- und Gotteserfahrung in unseren Tiefen und zu einer tiefen Selbst- und Gotteserfahrung in uns durch ein Wort der Theresa von Avila (1515- 1582) ermutigen lassen: „Suche dich, Seele, nur in mir, mich aber suche tief in dir."

Vatikanische Geheimdiplomatie – schwach lyrisch

Vor kurzem gab mir ein lieber Kollege, das Briefgeheimnis nicht achtend, Kenntnis von einem Brief Martin Luthers an den Vatikan.

Herr Papst, verehrte Geistlichkeit,
es tut mir noch bis heute leid,
daß meine Haltung, mein Protest,
mein Wittenberger Manifest
uns allen soviel Kummer brachte
und zu getrennten Brüdern machte.
Obwohl als Ketzer lang verschrien,
hat mir der liebe Gott verziehen.
In seiner nächsten Nähe weil' ich,
sing' mit den Engeln: Heilig, heilig,
bin angesehn und hochgeachtet.
Nun bitte ich euch alle: Trachtet,
die Einheit wiederherzustellen,
sich nicht wie Hunde anzubellen,
die gleich, nachdem sie sich berochen,
sich zanken um den großen Knochen.
Der liebe Gott, der Menschen Vater,
holt mich jetzt öfter als Berater,
weil er, wie mir sein Sohn beeidet,
auch unter dieser Trennung leidet.
Fangt doch mit gutem Beispiel an,
laßt auch Hans Küng und Drewermann
mit an dem Werk der Einheit bauen,
und – selbst wenn's schwerfällt – auch die Frauen.
Ich bin sogar, könnt ihr mir glauben,
mög's Euch wohl auch den Nachtschlaf rauben,
ein Duzfreund Eurer Gottesmutter.
Mit lieben Grüßen, Martin Luther!
(aus dem Pfarrbrief der Gemeinde Mariä Himmelfahrt, Münster)

Anläßlich seines 80. Geburtstags, am 18. Mai 2000, hat sich Rom mit diesem Antwortbrief des Papstes an Martin Luther gewandt:

Mein lieber Doktor Martin Luther
es scheint mir längst noch nicht in Butter,
was seinerzeit du mit dem Thesen-
anschlag und ohne Federlesen
an Spaltung angerichtet hast.
Wir tragen heut noch an der Last.
Doch andrerseits hinwiederum
lief's damals mit der Kirche krumm;
so konnt es auch nicht weitergehen,
was heute Päpste selbst einsehen.
Doch bei der Frage nach den Frauen
mußt du auf einen andern bauen.
Als Papst, der Gottesbotschaft Künder,
bin, wie du weißt, ich auch nur Sünder.
Leg drum bei Gott, ich bitte dich,
ein gutes Wort noch ein für mich.
Die Bibel hast du damals schon
uns herzlich nahgebracht, mein Sohn.
Du warst, ich schätz' das sehr, mein Junge
ein Meister eurer deutschen Zunge.
Doch, bitte, sieh das nicht als Hohn:
Nun lern von uns neu Tradition.
Daß Du im Himmel gern gesehen,
das kann ich mehr als gut verstehen:
Das Evangelische Gesangbuch,
wo manchmal ich nach 'nem Gesang such,
ja selbst das Gotteslob berichtet,
wie fromme Lieder du gedichtet.
Trotz Traditionalistengeifer
les' ich darin mit großen Eifer.
Mit Ratzinger, obzwar vertraulich,
sing ich dann leis, doch sehr erbaulich,
– Lefebvre fand das gar nicht nett –
oft ökumenisches Duett.
Zum Achtzigsten (nicht alkoholisch!)
und – Ehrenwort – nicht diabolisch

– ich hoff', es tut der EKD
und auch dir selbst nicht allzu weh –
scheint mir nicht einmal nur symbolisch:
Martinus, Du bist doch katholisch?!
So gib im Erdenstreite
zur Einheit dein Geleite
und steh uns an der Seite! – Johannes Paul II.

Kirchen-amtlich

Direktoriale Erwägungen

Wenn Sie den Begriff Direktorium hören, denken Sie vermutlich an eine leitende Behörde, einen Vorstand oder eine Geschäftsleitung. Im kirchlichen Sprachgebrauch bezeichnet Direktorium ein kleines jährlich neu herausgegebenes Buch, in dem liturgische Hinweise für die Seelsorger zusammengestellt sind. Wann welche Feste zu feiern, welche Schrifttexte dem Gottesdienst zugrunde zu legen, welche Meßgewänder zu diesem Anlaß zu tragen, welche Kollekten abzuhalten sind etc. Alles in allem ein auf die tägliche Gottesdienstpraxis abstellendes Büchlein. In vielen Bistümern stehen unter den Hinweisen für jeden Tag des Jahres die an diesem Tag Verstorbenen. Das Bistum Paderborn gedenkt seiner toten Priester und Diakone bis zu ihrem 25., das Bistum Münster sogar bis zum 50. Todestag. Über 2.000 Namen stehen da auf die 365 Tage des Jahres verteilt; viele sind mir unbekannt, manche kenne ich aus Erzählungen, nicht wenige haben meinen Lebensweg gekreuzt oder mich darauf begleitet. Aber den ca. 2.000 Toten stehen nur ca. 1.000 Lebende gegenüber; das gibt zu denken. Bei den üblichen Direktorien von Behörden und Firmen heißt es: Pension und tschüß! Allenfalls gibt es noch einen Treff für Pensionäre, aber das war's dann. Die Kirche hat gottlob ein längeres Gedächtnis und erinnert mich an frühere Lehrer, Pfarrer, und Jugendkapläne und zweimal im Jahr auch an Verwandte. Und irgendwann steht da auch mal mein Name in der Riege. Etwa 30mal pro Jahr schickt das Bistum Münster den Totenbrief eines Amtskollegen, manchmal eines heiligmäßigen, öfter eines mäßig heiligen. Im gleichen Zeitraum werden aber nur ca. 10 Priester neu geweiht, und außerdem scheiden etliche aus dem Dienst aus. Die wenigen, die hinzukommen, werden dann pressemäßig so hochgejubelt, daß sie schon gut geerdet sein müssen, um nicht abzuheben. Es hat fast etwas vom Schützenkönigssyndrom, am Schützenfest in den siebten Himmel gehoben und bald mit Katerstimmung auf dem Boden der pastoralen Realität abgesetzt. Warum ist es keine Normalität mehr, daß aus einer Gemeinde dann und wann ein Priester oder ein Diakon hervorgeht? Warum werden die wenigen gefeiert wie die Wiederentdeckung des für ausgestorben gehaltenen Quastenflossers? (Wenn sie sich mit einer fossilen Theologie wie die Quastenflosser geben, geschieht ihnen natürlich recht; schließlich hat Jesus auch einiges zu den Quasten [Mt 23,5] gesagt.) Die Berufswahl Priester oder Diakon könnte wieder zur Normalität werden, wenn man die nähme, die normalerweise in jeder größeren Gemeinde zu finden sind. Was spricht denn gegen die Priesterweihe für theologisch gebildete Männer, die in Ehe und Beruf ihre menschlichen und fachlichen Qualitäten gründlich unter Beweis gestellt haben? Was spricht denn gegen die Diakoninnenweihe für theologisch gebildete Frauen, die aus tiefer religiöser Inspiration schon längst qualifizierte diakonal-caritative Arbeit leisten und die teils schon in Diakonats-Ausbildungsgruppen organisiert sind? Und was spricht dagegen, diesen Männern und Frauen die Leitung einer Gemeinde anzuvertrauen? Dann müßte man nicht zu der windigen Ideologie Zuflucht nehmen, es würden neue pastorale Räume erschlossen, wenn man einem 65jährigen Pfarrer noch eine zweite oder dritte Gemeinde zumutet. Wer das behauptet, und sei er Bischof, der stilisiert nur den Volkssturm zur Eliteeinheit hoch, der macht aus einer Rehaklinik ein Bundesleistungszentrum. Seit der Gemeinsamen Synode der Bistümer Deutschlands in den siebziger Jahren und dann auf einer Vielzahl von Diözesantreffen der letzten Jahre sind für etliche Probleme der Kirche brauchbare Lösungen in der Theorie gründlich durchdacht und in der Praxis gründlich verhindert worden. Hat hier die Kirchenleitung versagt? Möglicherweise wird man diese Frage in einigen Jahrzehnten bejahen müssen. Im Blick auf die Gemeinden, die ich kenne, behaupte ich: Es ist noch immer die Norm, daß sich viele Menschen enorm einsetzen; man muß sie nur ernst nehmen und ihrer Kompetenz entsprechend wirken lassen. Dann stünden im Direktorium wohl nicht 2.000 tote nur 1.000 lebenden Priestern und Diakonen aus den letzten 50 Jahren gegenüber. Aber vielleicht müssen dafür nicht nur die 1.000 Lebenden der 2.000 Toten gedenken; vielleicht müßten die 2.000 Toten aus dem Direktorium bei der obersten Direktion ein Wort für die 1.000 Lebenden einlegen, damit diese endlich die Zeichen der Zeit erkennen und beherzt tun, wozu der Geist Gottes sie befähigt. Und wenn wir dann im Nekrolog des Direktoriums stehen, dann würden sich unserer vielleicht nicht nur ein paar Mangelverwalter erinnern, sondern die Zahl an Priestern und Diakonen, die die Kirche wirklich braucht, Männer und Frauen.

Klimawechsel, nicht Wetterumschwung

Gerade sind wieder rundherum in den Diözesen (junge) Männer zu Priestern geweiht worden, und da soll ich einen Vortrag halten über die kirchliche Großwetterlage; aber ich bin kein Meteorologe. Für die Bestimmung der Großwetterlage genüge der Hundertjährige Kalender, der sei für die Kirche aktuell und genau genug, sagt mir ein freundlicher Spötter. Nun kann man den Wetterumschwung im fortgeschrittenen Alter oft erstaunlich genau an den eigenen wetterfühlig gewordenen Knochen feststellen. Aber auch damit kann ich derzeit noch nicht dienen. Was sagt nun die Statistik? Die Zahl der Priester ist erheblich zurückgegangen, und zwar auf bundesweit 15.107 zum Jahresende 1997. Und sie wird weiter zurückgehen wegen des hohen Durchschnittsalters der Priester. (Priester kommt vom griechischen Presbyter und bedeutet der Ältere, nicht aber der Überalterte!) Die Zahl der Pastoralassistent(inn)en und -referent(inn)en betrug am 31. 12. 1997 bundesweit 2.445, die Zahl der Gemeindeassistent(inn)en und -referent(inn)en 4.086. Die Zahl der ständigen Diakone im Hauptberuf betrug 823, die der Diakone mit Zivilberuf 1.282, d. h. zusammen 2.105 Diakone. Nimmt man die Zahl der nicht zum Priester geweihten Seelsorger (2.105 Diakone, 2.445 Pastoralreferent[inn]en und 4.086 Gemeindereferent[inn]en) so kommt man auf 8.636 Seelsorger. d. h., mehr als 36 % aller seelsorglich Tätigen sind keine Priester. Die Tendenz zur priesterlosen, aber nicht seelsorgerlosen Gemeinde hält unvermindert an. Ich persönlich hoffe darauf, daß die Zahl der Diakone bald sprunghaft steigt, wenn die Kirche endlich wiederentdeckt, was sie vor Jahrhunderten schon wußte und praktizierte: daß Frauen Diakoninnen sein sollten und könnten, weil sie es schon jahrhundertelang waren. Wir können und sollten darum auch nicht länger auf die diakonale Funktion und Qualifikation der Frauen verzichten. Die kongeniale Schwester des Mathematikers und Philosophen Blaise Pascal, Jaqueline Pascal, selbst Ordensfrau, sah schon vor 350 Jahren, wo manches Kirchenproblem liegt: „Wenn die Bischöfe den Mut von Mädchen haben, dann müssen die Mädchen den Mut von Bischöfen haben." – Beim Sinken der Ärztezahl, wenn sie denn einträte, könnte man tief besorgt sein um die Volksgesundheit. Man kann aber auch eine Chance darin sehen, daß nun der einzelne verantwortlicher mit seiner Gesundheit umgehen muß (weniger Alkohol, weniger Nikotin, mehr Sport, gesundere Ernährung etc.) So ähnlich ist es auch in der Kirche mit dem Sinken der Priesterzahl. Sie ist Anlaß zu Sorge und bietet zugleich eine Chance. Wenn man aber die Lizenz zum Operieren, ausschließlich an Linkshänder erteilt, dann aber nicht genug Operateure für die unabweisbar anstehenden Operationen hat, dann haben die Verantwortlichen im Gesundheitssystem versagt. Es scheint, daß die katholische Kirche sich in dieser Situation befindet. Denn wird nicht die von Christus eingesetzte zentrale Feier der Eucharistie dadurch gefährdet, daß die Verantwortlichen an einem historisch bedingten, nicht göttlich verfügten Zugangsweg zum Priesterberuf festhalten? Ich glaube, wir merken schon längst auch ohne wetterfühlig gewordene Knochen nicht nur einen Wetterumschwung, sondern einen Klimawechsel. 1. Es wird ein Klimawechsel zu einer stärker partizipatorischen Kirche, die Männer und Frauen wirklich gleichberechtigt mitwirken läßt. Natürlich kann ich mir am Altar selbst Wein und Wasser eingießen; aber besser ist es, zu wissen und zu zeigen, daß die sogenannten Laien den Klerikern mehr als nur das Wasser reichen können. Natürlich kann ich selbst allein die Kommunion austeilen, bis mich der Alterstremor daran hindert; aber besser ist es, zu wissen, daß die Mitwirkung der sogenannten Laien keine brotlose Kunst ist. Natürlich kann ich alle Texte und ihre Deutung im Gottesdienst selbst zu Gehör bringen; aber besser ist es, zu wissen, daß die sogenannten Laien nicht nur ganz Ohr sind, sondern auch selbst ihr Wort machen können. (Ein Freund meinte, die Laieninstruktion sei keine Krankheit, sondern nur das letzte Abhusten nach einer fast ausgeheilten Bronchitis. Ob er recht hat?) 2. Es wird ein Klimawechsel zu einem stärker ökumenischen Miteinander der Kirchen (die römische Bereitschaft, über das Papstamt zu diskutieren, Dokument über die Rechtfertigungslehre, ökumenische Gottesdienste etc.) 3. Es wird hoffentlich ein Klimawechsel zu einem solidarischeren Miteinander zwischen armen und reichen Christen (Misereor und Brot für die Welt, Renovabis, Adveniat, Missio, Caritas, Diakonie etc). Wenn die Kirche partizipatorischer, ökumenischer und solidarischer wird und mindestens so fromm bleibt wie bisher, dann habe ich nicht nur keine Angst vor dem Klimawechsel, dann erhoffe ich ihn sogar sehnlich.

Ämterehre und Ehrenämter

„Wem Gott gibt ein Amt, dem gibt er auch Verstand.“ So lautet ein deutsches Sprichwort. Aber leider ist Gott nur selten mit der Ämtervergabe betraut, darum bleiben manche auch im Amt ohne Verstand. Böse Zungen behaupten gar: „Wem Gott gibt ein Amt, dem raubt er den Verstand.“ Das würde Gott Bosheit unterstellen und außerdem bedeuten, der solchermaßen beraubte Amtsträger habe zuvor über Verstand verfügt. Auch das ist keineswegs immer sicher. – Immer wieder lese ich, wir seien auf dem Weg von der Industrie- zur Informations- und Dienstleistungsgesellschaft. Aber viele Dienstleistungen sind unbezahlbar teuer und die Informationsverdichtung hat oft Arbeitsplatzvernichtung zur Folge. So sind wir durch verkürzte Arbeitszeiten eine willentliche und durch hohe Arbeitslosenzahlen auch eine unwillentliche Freizeitgesellschaft. Was können wir tun? – An diesem 5. Dezember ist der Tag des Ehrenamtes. Und es ist angesichts grassierender Egomanie und großindustrieller Organisation des Privatvergnügens an der Zeit, dem Ehrenamt wieder die Ehre zu geben. Zwar gibt es gelegentlich eine Perversion des Ehrenamtes, die sich selber mit dem Amt die Ehre gibt. Aber wir sollten dabei die nicht übersehen, die dem Amt mit sich die Ehre geben, die ihre Ehre dareinsetzen, im Amt zu dienen, ohne zu verdienen, die sich im Amt dem Menschen dienstbar machen und nicht den Menschen für ihr Amt dienstbar machen. Für diejenigen, die ein Amt anstreben, weil es sie ehrt, sollte man ein paar zusätzliche Titel erfinden (geheime Hofräte und päpstliche Hauskapläne gibt es für diese Art von Selbstbefriedigung schon). Darüber hinaus aber sollte man sich selbst fragen, geht es mir mit der Sache primär um mich, oder geht es (mit) mir primär um die Sache? – Christopher Morley (1890-1957), ein amerikanischer Schriftsteller, hat gemeint: „Es gibt zwei Arten von Mitarbeitern, aus denen nie etwas Richtiges wird: Diejenigen, die nie tun, was man ihnen sagt, und diejenigen, die nur tun, was man ihnen sagt.“ Im Ehrenamt könnte, falls noch nicht geschehen, etwas Richtiges aus Ihnen (und mir) werden. Das Ehrenamt lädt ein zu tun, wozu Ihr Herz Sie aufruft und Ihr Verstand Sie ermutigt. Gerade für das Ehrenamt gilt, was Erhard Blanck notiert hat: „Erfolg wird ohne 'h' geschrieben.“ Und mit Oesch ließe sich hinzufügen: „Erfolgreich sind wir nur, wo wir nützen, nicht wo wir ausnützen.“ – Der Physiker Georg Christoph Lichtenberg (1742-99), ein großer Spötter vor dem (und gegen den) Herrn, meinte: „So sagt man, jemand bekleide ein Amt, wenn er von dem Amt bekleidet wird.“ Aber es ist Zeit endlich wieder an die zu erinnern, die im Amt nicht kostspielig sich, sondern kostenlos andere bekleiden, z. B. als Ehrenamtliche bei der Evangelischen Frauenhilfe oder beim Sozialdienst katholischer Frauen. Es ist Zeit, an die zu erinnern, die nicht sich gern reden hören, sondern andere ausreden, sich die Sorgen von der

Seele reden lassen, z. B. als Ehrenamtliche bei der Telefonseelsorge oder in Krankenbesuchsdiensten. Es ist Zeit, an die zu erinnern, die da sind, wenn alle anderen weg sind, die bis zum Ende da sind, z. B. als Ehrenamtliche in der Hospizbewegung. Es ist Zeit, an die zu erinnern, die die Gestrandeten, die Liegengebliebenen und links Liegengelassenen auflesen, z. B. als Ehrenamtliche in der Bahnhofsmission oder in Wärmestuben und Suppenküchen für Obdachlose. Es ist Zeit, an die zu erinnern, die Herz und Hirn wachhalten und wachmachen für die Hoffnung mit der wir unterwegs sind, z. B. als Ehrenamtliche in den katholischen und evangelischen Bildungswerken. – Vor allem ist es höchste Zeit, all diesen Ehrenamtlichen von Herzen Dank zu sagen. Ohne sie wäre unsere Gesellschaft eine noch kältere und unmenschlichere Ellbogengesellschaft. Ein deutsches Sprichwort sagt nicht ganz zu unrecht: „Man soll die Ämter mit Leuten und nicht die Leute mit Ämtern versehen." Sicher, wir müssen die vielen unbezahlten und unbezahlbaren Ämter mit ehrenamtlichen Leuten versehen. Aber es gibt auch viele Leute, die man mit unbezahlbaren und unbezahlten Ämtern versehen könnte und die darin für sich Erfüllung finden und im Dienst für andere dem Amt zur Ehre gereichen. Sie zu denunzieren als hilflose Helfer ist arrogant. Sie sind wie wir alle hilfsbedürftige und hilfreiche Helfer. Ohnehin wird, einem Wort des Theologen Karl Rahner (1904-1984) folgend, niemand sich selbst anders retten, als indem er andere rettet. – Immanuel Kant (1724-1804) hat in seiner Grundlegung zur Metaphysik der Sitten bemerkt: „Was einen Preis hat, an dessen Stelle kann etwas anderes als Äquivalent gesetzt werden; was dagegen über allen Preis erhaben ist, das hat Würde." Das Ehrenamt ist unbezahlbar, ist über allen Preis erhaben und hat damit Würde.

Sterbens- und lebensversichert

Menschenopfer

An den Kirchtüren hängen die Plakate der Aktion Misereor, die das Elend der Kinder in den Mittelpunkt stellen. Und zugleich wird ein altes, frisch restauriertes Relief wieder in die Dorfkirche gehängt, in der ich Dienst tue: Die Opferung des Isaak durch Abraham. Vielleicht hat Sie diese Geschichte schon seit Kindertagen tief verstört. Welch ein Abgrund tut sich da auf! Abraham, der Vater unseres Glaubens, soll im Auftrag Gottes seinen Sohn wie ein Stück Vieh auf einem Altar abschlachten. Glücklicherweise kommt es nicht zu dieser rituellen Kindstötung. Aber selbst wenn alles nur eine Probe war: Welch ein gräßlicher Gott muß das sein, der ein so grauenvolles Spiel mit dem Menschen treibt? Oder bringt da ein entmenschter Vater seinen Sohn in der Umnachtung einer religiösen Wahnvorstellung an den Rand des Todes? Welch ein Mensch ist das, der so das Urvertrauen seines Kindes zerstört! Auch für Abraham steht nicht weniger als die Glaubhaftigkeit der Verheißung Gottes auf dem Spiel. Kann sich der unerforschliche Gott, der ihm Zukunft, Nachkommen, Volkwerdung verheißen hatte, in solch willkürlich menschenverachtender Weise austoben?

Nun: Abraham lebte zwischen 2000 und 1500 vor Christus. Damals gab es durchaus noch Menschenopfer. Bis ins 8. Jahrhundert vor Christus wurden z. B. im Hinnomtal dem Gott der Ammoniter, dem Moloch, noch Menschenopfer dargebracht. Die Atzteken, ein Indianerstamm im mexikanischen Hochland, kannten auch in ihrer Blütezeit im 14. Jahrhundert nach Christus noch Menschenopfer. Man opferte Menschen bei schweren Seuchen, Hungersnöten, Dürrekatastrophen. Man opferte die männliche Erstgeburt, um die Gnade Gottes zu erwirken oder um verstorbene Ahnen zu besänftigen. Bert Brecht hat für solche Götter das böse Wort von den alten „Gedankenkneblern und Blutsäufern" geprägt. – Am Beginn des

erwachenden menschlichen Selbstbewußtseins hatten die Gottesbilder oft grausame und tief düstere Seiten. Erst langsam und mit wachsendem theologischen Verständnis verlor das Gottesbild seine grausam-despotischen Züge. Genau diese Abrahams-Geschichte von der Opferung Isaaks markiert ein Aha-Erlebnis des theologischen Bewußtseins. Gott greift ein und stoppt die entsetzliche, angeblich in seinem Namen zu vollziehende Bluttat. Er rettet Isaak und befreit Abraham vom Leidensdruck solcher unmenschlichen „Gottesverehrung". In das Gewand einer ungeheuerlichen Erprobungsgeschichte gekleidet, erzählen die alttestamentlichen Autoren die Entstehung eines neuen menschlicheren Gottes-Bildes. Dieser Gott will keine Menschenopfer; er befreit den Menschen zu neuer Menschlichkeit.
Vielleicht denken Sie: Gut, daß wir nicht mehr in Zeiten leben, die Menschenopfer für Gott darbringen. Mir scheint, daß die Menschenopfer der Vergangenheit harmlose Sandkastenspielchen waren gegen die Menschenopfer unseres Jahrhunderts. Lediglich die Götter haben gewechselt: In unserem Jahrhundert wurden einem Götzen mit Namen „Arische Rasse" Millionen Juden geopfert, vergast mit Zyklon B in den Gaskammern der KZ. Das ist Geschichte, das kommt hoffentlich nie wieder? Die Realität Bosniens, Kurdistans, Somalias und anderer Länder dieser Erde spricht gegen diese Hoffnung. – Oder nehmen Sie den Götzen, dem in unserem Land jährlich 5.000 bis 10.000 Menschen geopfert werden. Er heißt Hochgeschwindigkeit und individuelle Mobilität. Die himmlischen Chöre gelber Engel preisen ihren Götzen mit der ewigen Litanei: „Freie Fahrt für freie Bürger!" – Wie heißt der Götze, dem im Namen einer sozial genannten Indikation jährlich über 200.000 Embryonen nur in Deutschland als Menschenopfer dargebracht wurden? – Oder wie heißt der Götze, dem jährlich weltweit und vor den Augen einer gut informierten Fernsehgemeinde 20 Millionen Hungertote zum Opfer gebracht werden? Heißt der Wirtschaftswachstum oder Konsum? – Ich glaube all diese Menschenopfer schreien zum Himmel, stinken zum Himmel. Niemand hat seit Abraham mehr das Recht oder die religiöse Pflicht,

Gott oder irgendeinem Götzen Menschenopfer darzubringen. Wenn überhaupt, dann verlangt Gott Menschenopfer ganz anderer Art als wir denken. Er läßt sich von uns nicht mit der Eidechsentaktik abspeisen. Die Eidechse läßt den Schwanz sausen, um den besseren Rest in Sicherheit zu bringen. Wir können Gott nicht einen anderen Menschen oder das Letzte von uns zum Fraß vorschmeißen, um den besseren Rest in Sicherheit zu bringen. Das einzige gottgefällige Menschenopfer ist das, was in Wirklichkeit den Menschen rettet: Gott verlangt von uns – nur uns, aber nicht um seinet-, sondern um unseretwillen und zu unserem Heil.

Wie weiland der Heiland?

Beten Sie für das Heil und Wohl ihrer Kranken? Manche sagen: Ja, wenn sonst nichts mehr hilft! – Im 9. Jahrhundert wurde die christliche Verkündigung erstmals in der althochdeutschen Volkssprache verschriftlicht. Da der Name Jesus vom hebräischen Wort für retten und heilen stammt, übersetzte man ihn mit Heiland ins Althochdeutsche, der Heilende, der Heilbringer, der Heilstifter. Heutige Religionsbücher und Schulbibeln übersetzen fast nur noch mit Retter, ein Begriff, der mehr die existenzielle Not des Menschen im Blick hat. Und wenn dann Wunderheilungsgeschichten in der Bibel auftauchen, geraten Eltern und Lehrer in Verlegenheit bei der kinderschweren Frage nach der Realitätshaltigkeit solcher Geschichten. Aber heilte Jesus nicht, oder heilte Gott nicht durch Jesus? Eine Kassenapprobation jedenfalls hat er nicht. Ist er nur für besonders religiöse sprich wundergläubige Menschen, sozusagen nur für religiöse Privatpatienten zuständig?
Vor einiger Zeit habe ich an einer Tagung teilgenommen, die den frechen Titel hatte: Viel Hirn – wenig Geist? Neurologen, Neurobiologen, Philosophen und Theologen diskutierten dort über das Leib-Seele- oder Gehirn-Geist-Problem. Die Diskussionsrunden gingen nach den Vorträgen oft bis tief in die Nacht weiter. Da erzählte mir ein

Facharzt für Neurologie und Neurochirurgie, der sich als Agnostiker bezeichnete und keine Beziehungen zu irgendeiner der Kirchen pflegte die folgende Fallgeschichte: Eine junge Frau mit einer hochgradigen Hirninfektion wurde, im Koma liegend, aus einem normalen Krankenhaus zu ihm in die Spezialklinik gebracht. Angesichts der Schwere des Befundes war auch das hochkarätige Spezialistenteam ratlos. Nur die Prognose war klar: Sie wird es nicht überleben; wenn wider Erwarten doch, dann nur mit schwersten geistigen Störungen. Die junge Frau, von Beruf Erzieherin in einem Heim für geistig behinderte Kinder, hatte in gesunden Tagen gelegentlich gesagt, sie wünsche für sich keine Therapie, die nur zu einem jahrzehntelangen Dahinvegetieren führe. Ihr Freund und die Eltern beschlossen vor diesem Hintergrund, von therapeutischen Sterbeverlängerungen abzusehen. Man bat einen befreundeten Pfarrer aus der Nachbarschaft, der Todeskandidatin die Sterbesakramente zu geben, da ihr der Glaube an den Gott des Lebens zu Lebzeiten immer viel bedeutet hatte. – Am Tage nach der Krankensalbung habe sich der Befund deutlich gebessert, nach drei Tagen sei sie wieder bei Bewußtsein gewesen und habe nach einer Woche, offenbar gänzlich genesen, um ihre Entlassung gebeten. Der Arzt versicherte, er kenne eigentlich keinen Kliniker, der trotz jahrelanger Tätigkeit nicht schon ähnliches erlebt habe. Und ich könnte bestätigen, ich kenne eigentlich keinen Pfarrer mit längerer Dienstzeit, der davon nicht auch berichten könnte. – War das nun eine ärztliche Fehldiagnose oder Fehlprognose, ein Äskulapsus sozusagen? War das nur ein medizinisch noch nicht erklärbarer Fall oder ein Wunder? Ich muß das offenlassen; aber die Selbstdeutung der betroffenen jungen Frau lautete nach Auskunft des Arztes: Gott hat mir geholfen; es war ein Wunder. Man kann das sicher auch bestreiten. Manche Männer züchten an der einen Schläfe sieben lange Haare, die sie dann kunstvoll und in raffinierten Kurven über den kahlen Schädel drapieren, um Glauben zu machen, da sei noch ein nennenswerter Bedeckungsgrad. Und bei aller Bewunderung für Wissenschaft: Manche Wissenschaftler machen es genauso mit den sieben Haaren ihres Wissens, die sie kunstvoll über die kahlen Flächen ihre Unkenntnis verteilen, oder sie setzen gleich den Doktorhut der Allzuständigkeit drauf. – Der „Frechdachs“ Voltaire (1694-1778) meinte gar: „Das Geheimnis der Medizin besteht darin, den Patienten abzulenken, während die Natur sich selber hilft.“ – Mir scheint, wer nur an Wunder glaubt, ist kein Realist. Aber wer nie an Wunder glaubt, auch nicht. So bringen mich die Wundergeschichten der Hl. Schrift nicht sehr in Verlegenheit. Und ich schäme mich des Gebetes nicht, das mit der und manchmal trotz der, aber nicht anstelle der Therapie zu beten ist, wenn diese nur einige Aussicht auf Heilung bietet. Das Gebet erinnert bei all unserer Vorläufigkeit in Sachen Heilung an den, den unsere Vorfahren Heiland genannt haben. Es richtet sich nicht an einen Heiland für Privatpatienten, sondern an den Heiland für alle Kassen und für die ohne Kasse, an den Heiland, der keine Kasse macht. Und wenn wir angesichts des unaufhaltsamen Sterbens mit unserer Heilung am Ende sind, setzt er mit seinem Heil den unaufhaltsamen Anfang des Lebens.

Lebensversicherung?

Ich meine, es sei bei der Hundertjahrfeier der dörflichen Post-Stelle gewesen, da wurde ich neben den Honoratioren aus Dorf und nahegelegener Kleinstadt plaziert. Wie das Schicksal es so wollte, stand ich zwischen zwei Versicherungsvertretern. Als wir bei den höheren Würdenträgern von Post und Politik einen artigen Diener machen und das schöne Händchen geben durften, nannte jeder seinen Namen und der eine setzte Provinzial, der andere Signal hinzu. So schloß ich mich an und nannte den meinen mit dem Zusatz Transzendental. Wenigstens klingt dieser Firmenname nicht nach Provinz oder gar nach Zahnpasta. Man ließ mich als Versicherungsvertreter durchgehen, nur die Eingeweihten grinsten.
Neulich stoße ich nun auf die Anzeige einer überregionalen Tageszeitung; fast ganzseitig ist sie und fast ganz

schwarz. Nur mittendrin leuchten das silbergelockte Haar und das Weiß der Augäpfel hinter silberumrandeter Brille im schwarzen Gesicht von Erzbischof Desmond Tutu aus Südafrika. Die Hände hat er vor dem Mund gefaltet, so daß dezent, aber unübersehbar auch der Bischofsring im frommen Gestus zur Geltung kommt. Und dann steht für alle Schwarzseher in zierlichen weißen Lettern ein Wort von Bischof Tutu darunter: „Of course, faith is a risk – but one I would never risk living without.“ („Natürlich, der Glaube ist ein Risiko, aber eines, ohne das ich niemals zu leben riskieren würde.") Wer glaubt, es handle sich um eine pfiffige Werbung für den Glauben, der wird eines Schlechteren belehrt, wenn er unten rechts in der Ecke den Namen einer Schweizer Versicherung vorfindet mit der bescheidenen (um nicht ein ähnlich klingendes Wort zu verwenden) Selbsteinschätzung „The experts in total risk management“ („Die Experten für das totale Risiko-Management“). – Ich muß gestehen, daß ich diese zweite offenbar ernst gemeinte Verbindung von Versicherungsbranche und Glaube nicht besonders geglückt finde. Nun mag es sein, daß Bischof Tutu die bestimmt nicht unerheblichen finanziellen Zuwendungen dafür, daß er sich als Werbeträger vorführen läßt, einem guten Zweck zuwendet. Aber sind Kirche und Kirchensteuer nur so etwas Ähnliches wie Versicherung und Versicherungsprämie? – Sicherlich: Wir weihen Wohnungen, Kindergärten und Altersheime ein und segnen Fahrzeuge, Viehbestände und Felder. Aber letztlich geht es nicht um die (Ver-)Sicherung dieser materiellen Werte, sondern ausschließlich um die Menschen, die all das hoffentlich auch zum Nutzen anderer nutzen. Die Segnung, die Einweihung verbindet das Innerzeitliche mit dem Überzeitlichen, das Endliche mit dem Unendlichen, dem Ewigen. Sie sagt mir: Und wenn dir das Haus über dem Kopf abbrennt, dir ist ein anderes Haus jenseits deiner irdischen Behausung zugesprochen. Und wenn dir die Geborgenheit des Kindergartens genommen ist, du bist und bleibst Kind im umfriedeten Garten Gottes. Und wenn du den letzten Weg aus dem Altersheim gehen mußt, du findest im Alter heim zu Gott und jenseits des Alters Heimat bei Gott. Und wenn dir mit

Fahrzeug, Vieh und Feld die Bewegungs- und Lebensgrundlage entzogen wäre, es gilt doch das Wort der Hl. Schrift: „In ihm [Gott] leben wir, bewegen wir uns und sind wir“ (Apg 17,28). Es geht bei der Segnung von diesem oder jenem nicht um dies oder jenes, sondern ums Ganze, um das Ein und Alles, um den in Gott geborgenen Menschen, um den die Menschen bergenden Gott. „Natürlich, der Glaube ist ein Risiko, aber eines, ohne das ich niemals zu leben riskieren würde.“ Der Glaube ist keine Lebensversicherung wie andere auch, eher eine den Tod überschreitende Lebenszusicherung. Der Versicherungsfall tritt totsicher ein, aber der Glaube versichert, daß unser Ableben in der Zeit ein Aufleben ist in Gottes Ewigkeit. Der fromme Joseph von Eichendorff (1788-1857) konnte in seinem Gedicht „Der Umkehrende“ sogar im Unglück, das über den Menschen hereinbricht, noch eine Fügung Gottes sehen, mit der der Mensch herausbricht aus der Enge dieses Lebens in die Weite des Lebens bei Gott:

„Du bist's, der, was wir bauen,
mild über uns zerbricht,
daß wir den Himmel schauen –
darum so klag ich nicht.“

Und Friedrich Hölderlin (1770-1843) bringt vertrauensvoll im „Patmos“ seine gläubige Lebensversicherung in diese Worte:

„Nah ist
und schwer zu fassen der Gott.
Wo aber Gefahr ist, wächst
das Rettende auch.“

Wer den Glauben an den Gott des Lebens in sein Leben hinein rettet, den rettet der Gott unseres Glaubens über sein Leben hinaus. Wer sein endliches Leben in dem Glauben an Gott versichert, den versichert der Gott unseres Glaubens seines unendlichen Lebens.

Zu Beginn schon am Ende

Klonisch krank?

Mit den Schalmeienklängen neuer Paradiesesverheißungen wurde uns kürzlich das „therapeutische Klonen von Stammzellen menschlicher Embryonen“ vorgestellt. Sicher, um Therapie für Kranke und Alte geht es auch, aber vor allem um viel Geld. Unter Klonen versteht man die Herstellung von genetisch identischen Zellen oder Organismen, die durch Teilung, aus einer einzigen Zelle oder einem einzelnen Organismus hervorgegangen sind. Dieses Verfahren soll in den Dienst der Therapie gestellt werden. – Der Embryo ist die menschliche Leibesfrucht bis zum Ende der 8. Schwangerschaftswoche. Danach spricht man vom Fötus. Aus Embryonen sollen Stammzellen gewonnen und geklont werden. Klonen meint nicht zwangsläufig die Herstellung von vollständigen menschlichen Embryonen, aber die Vermutung liegt nahe, daß es vor allem darum geht. – In den USA sind bereits seit 1993 befruchtete menschliche Eizellen geklont worden, was in Deutschland sogar strafrechtlich unter Androhung von Haft untersagt ist. Es wird von seiten der Biotechnologie längst die Benutzung überzähliger kryokonservierter Embryonen aus der künstlichen Befruchtung gefordert. Der wissenschaftsdienliche Verbrauch von „Gefrierfachwaisen“ müsse doch erlaubt werden, wenn die Alternative Entsorgen heiße! – Nun gibt es in Deutschland, anders als in Frankreich, Spanien und England, keine „Gefrierfachwaisen“, weil das Einfrieren in der Vorkernphase vorgenommen wird, d. h. vor der Kernverschmelzung. Wir haben also genaugenommen eine zweikernige Zelle mit getrenntem Erbgut im flüssigen Stickstoff eingelagert. Menschliches Leben beginnt aber biologisch gesehen mit der Kernverschmelzung, deren Resultat ein Embryo mit 46 Chromosomen ist. Künstlicherweise kann es mit der Klonung beginnen. In beiden Fällen startet menschliches Leben mit dem doppelten Chromosomensatz einer totipotenten Zelle. Diese Zelle kann einen ganzen Menschen ausbilden. Das ist festzuhalten, sonst ist biologischerseits für ethische Zwecke nichts mehr festzuhalten. Stammzellen aber sind pluripotent. Aus ihnen können keine eineiigen Zwillinge mit späterem Geburtsdatum mehr gebildet, wohl aber verschiedene Gewebetypen regeneriert werden. Alleskönner, d. h. totipotent, sind die durch ein Spermium befruchteten Eizellen und die Eizellen, die man entkernt und in die man – zum Zweck der Klonung eines ganzen Organismus – einen Körperzellkern implantiert hat. Derart behandelte Zellen verhalten sich wie soeben befruchtete Eizellen. Bis hin zum achtzelligen menschlichen Embryo ist jede Zelle noch totipotent. Danach sind die Zellen auf die Pluripotenz eingeschränkt. Pluripotente Stammzellen für Knochen, Knorpel, Fettgewebe und Muskelzellen finden sich z. B. im Plazentagewebe und im embryonalen Blut und könnten gewonnen werden, ohne den Embryo selbst zum Verbrauchsmaterial biomedizinischer Forschung zu machen. An die Gewinnung dieser Stammzellen knüpft sich die Erwartung, dann ganze Organe in Kultur ziehen zu können. Für dieses Orchesterstück gibt es aber bisher noch keine Partitur, geschweige denn ein aufführendes Ensemble. Pluripotente Stammzellen finden sich aber nicht nur in Embryonen, sondern auch in Föten, die – schlimm genug – zu Hunderttausenden bei Aborten anfallen. Sie finden sich auch in den diversen Geweben von Kindern und Erwachsenen.

Es spricht nichts dagegen, einem einwilligungsfähigen Spender Stammzellen zu entnehmen, zu vermehren und einen anderen Menschen damit zu therapieren. Das geschieht bereits tausendfach in der Medizin. Das wird besonders bei Blut- und Knochenmarkserkrankungen gemacht. Nichts zwingt uns aber, durch Klonung einen genetisch gesehen vollständigen Menschen neu zu schaffen, um aus ihm ein Warenlager für Stammzellen zu machen. Ein Biologe sagte mir: „Wir sind dabei, ein neues Auto zu bauen, um es nach seiner Fertigstellung in ein Ersatzteillager für Altautos zu zerlegen. Das ist absurd." Wir sind bei der Herstellung derer, die nie geboren werden sollen,

zur Erhaltung derer, die nie sterben wollen. Das ist unmoralisch.
Werden wir angesichts eines Bildes, das kürzlich um die Welt ging, ganz konkret: Will ich mein neues Ohr auf dem Rücken einer Nacktmaus im Labor heranwachsen sehen bis zur Anpassungsreife? Die Antwort lautet: Ja, wenn es meine eigenen Stammzellen sind, aus denen es entsteht, oder ein einwilligungsfähiger Spender Stammzellen zur Verfügung stellt.
Sie lautet: Nein, wenn eine florierende Abtreibungsindustrie Überstunden einlegt im schwunghaften Zwischenhandel mit Föten zur Stammzellgewinnung. Nein, wenn zur Erstellung von Gewebe- oder Organbanken Menschen geklont werden, deren Lebensrecht nie eingelöst wird, weil sie in Stammzellinien zerlegt werden.
Warum unsere Gesellschaft, die keineswegs irritiert ist über ca. 300.000 Abtreibungen jährlich, sich über die Nutzung von geklonten Embryonen zu therapeutischen Zwecken aufregt, ist allerdings logisch nicht nachvollziehbar. Sind es doch dieselben Rechtsgüter, die hier auf dem Spiel stehen: Menschliche Embryonen oder Föten.
Bei dieser Frage geht es nicht nur ums Gewissen, es geht auch ums Wissen. Und das ist weder im Volk, noch bei seinen entscheidenden Volksvertretern in hinreichendem Maße vorhanden. Vorhanden ist das Wissen in der Biomedizin. Aber hier geht es so arbeitsteilig zu, daß Gewissen kaum strapaziert wird. Es ist ein Leichtes, die wissenschaftliche Vaterschaft für ethische Problemkinder, die hier gezeugt werden, zu leugnen, so daß mühelos Eugen Roths Wort Anwendung finden könnte: „Den Teufel wird man nie erwischen. Er steckt von Anfang an dazwischen."
Den Biomedizinern wäre zu sagen: Es geht nicht nur ums Wissen im Blick auf Teilschritte, sondern auch ums Gewissen im Blick aufs Ganze. Und nach Wissen und Gewissen werden wir vor Gott und vor der Geschichte Rechenschaft abzulegen haben.

Tötungslizenz?

Nicht nur in der Osterzeit geht es uns Christen ums Leben. Aber angesichts verbrauchender Forschung an menschlichen Embryonen geht es vielen in unserer Gesellschaft ans Leben. Der Kulturstaatssekretär der Bundesrepublik hat bereits die Parole ausgegeben, nur der sei wirklich ein Mensch, der zur Selbstachtung fähig sei. Der Kanzler beruft als Beschäftigungs- und Stillstelltherapie für die ethischen Bedenkenträger einen nationalen Ethikrat, obwohl das Ergebnis, wie mir Bundestagsabgeordnete seiner eigenen Partei mitgeteilt haben, längst feststehe. Und der Präsident der Deutschen Forschungsgemeinschaft teilt rechtzeitig vor der ersten Sitzung mit, daß man leider angesichts des internationalen Forschungsdrucks keine Rücksicht mehr auf menschliche Embryonen im Reagenzglas nehmen könne und – natürlich nur in engen Grenzen – die Tötung menschlichen Lebens zu Forschungszwecken in Angriff nehmen solle. Ein Gesetz, das die Tötungserlaubnis regelt, zum Akt der Menschlichkeit zurechtzulügen, ist blanke Perversion. Mit vier Argumentationsstrategien sollen die ethischen Ansprüche ausgehebelt werden, die bislang menschliches Leben schützen:

1. Wir gerieten forschungstechnisch ins Hintertreffen, wenn wir nicht schleunigst mitmachten. – Dieses Totschlagsargument habe ich auch bei der Kernkraftdebatte immer wieder gehört. Wir sind in Sachen Kernkraft nicht ins Hintertreffen geraten, wohl aber in Sachen Energieeinsparung und Alternativenergien weiter vorangekommen als die meisten Industrienationen. Überdies scheint es mir wichtig, nicht nur in der Spitze mitzumarschieren, sondern genau zu schauen, wohin diese Spitze zeigt.

2. Wir sollten uns nicht so bedenkenträgerisch haben, wo wir doch in unserem Land so freizügig abtreiben. – Es trifft zu, daß wir in unserem Land jährlich 200.000 Embryonen aus heuchlerisch sozial genannten Gründen abtreiben. Das aber berührt die Mehrheit in unserem Lande seit Jahrzehnten nicht. Nicht da, wo es um das Lebensrecht der kommenden Generation geht, sondern nur da und erst da, wo es, wie in der Rentendebatte sichtbar, ans eigene

altgewordene Leder geht, da werden wir plötzlich hellhörig und weitsichtig. Das Argument, weil Embryonen im Uterus nicht gut geschützt seinen, sie auch im Reagenzglas nicht mehr zu schützen, erhebt das Minderwertige zur Norm.

3. Es sei unlauter, Forschungen in Deutschland zu verbieten, aber deren Ergebnisse aus dem Ausland zu nutzen. – Auch dies Argument ist nicht stichhaltig. Es gibt medizinische Forschungsergebnisse, die unter menschenverachtenden Bedingungen sogar in den Labors von Menschenschindern wie Mengele erzielt wurden. Die Methode ihrer Gewinnung ist moralisch verwerflich. Die Forschungsergebnisse selbst, ihre Richtigkeit einmal unterstellt, dürfen gleichwohl angewandt werden, um den Menschen zu helfen. Ja sie müssen sogar verwandt werden, wenn andere und bessere Therapien nicht zur Verfügung stehen. Es ist also zu unterscheiden zwischen der u. U. ethisch bedenklichen Gewinnung und der möglicherweise gleichwohl ethisch unbedenklichen Nutzung von Forschungsergebnissen.

4. Wer zögere, bei der verbrauchenden Embryoforschung mitzumachen, lasse die auf Heilung hoffenden Krebs-, Alzheimer-, Parkinson- und Aids-Patienten im Stich. Und das sei doch moralisch verwerflich. – Die geradezu paradiesischen Verheißungen, es würden durch die verbrauchende Embryonenforschung Alzheimer-, Krebs-, Parkinson- und Aids-Patienten geheilt werden, ist derzeit nichts als eine raffinierte, ethisch getarnte Plausibilisierungsstrategie für die Durchsetzung massenhafter Tötung frühen menschlichen Lebens. Mit welchem Recht darf man das frühe menschliche Leben zum Therapeutikum für das alt gewordene Leben machen? Keine einzige der sich andeutenden Therapiemöglichkeiten ist derzeit an Menschen anwendbar. Es müßte überdies bewiesen werden, daß man nicht durch adulte Stammzellen und nicht durch Stammzellen aus Nabelschnurblut dieselben Therapieerfolge erzielen kann, die man durch verbrauchende Embryonenforschung zu erzielen hofft. Letztlich geht es um die Vermarktung von Patenten auf Genprodukte, um Nutzungsrechte an neuen Proteinen und Enzymen, um Wirkstofftests an Serien erbgleicher weil durch Embryosplitting

gewonnener Embryonen. Es geht am wenigsten um Moral und am meisten um Geld, um viel Geld bei wenig Moral. – Soll dieser Ethikrat zu mehr Ethik raten oder raten, was Ethik ist, oder von Ethik abraten oder raten, wie man an der Ethik vorbeikommt, ohne sein menschliches Angesicht zu sehr zu ramponieren? Uns hilft kein nationaler Ethikrat, wenn wir nicht mit dem Stimmzettel dieser Nation mehr Ethik anraten.

Ein Bildband vom sakramentalen Leben

Roman Mensing
Lebenszeichen

Sakramente des Heils

112 Seiten. Durchgehend
vierfarbig illustriert. Gebunden
ISBN 3-89710-221-8

Lebenszeichen aus dem Weltraum, gäbe es sie denn, wären der Aufmerksamkeit sicher, weil sie signalisierten, dass wir nicht allein wären in der Weite des Kosmos. Ein einladendes Lebenszeichen aus dem Ursprung aller Dinge ist nach dem Glauben der Kirche Jesus Christus, das Friedenswort Gottes an die Menschen.

Von entscheidenden Augenblicken der Geschichte dieses Wortes, seiner Resonanz und seinem steten Neuwerden in der Kirche erzählt der vorliegende Band in Bildern und Texten. Sakrament, Geheimnis, nennt die Kirche ihre sieben Hoffnungszeichen und spricht, besonders seit dem Zweiten Vatikanischen Konzil, von Christus als dem Ur-Sakrament. Unerwartete Lebendigkeit und Wandlungsfähigkeit der Lebenszeichen der Kirche werden in den Bildern und Texten sichtbar. Es entfaltet sich eine Art Bildkatechese der Sakramente und der sakramentalen Kirche, die zum Betrachten einlädt.

Ein bereichernder Bild-Text-Band für Katechese, Seelsorge und zur Vertiefung des persönlichen Glaubens.

Im Buchhandel erhältlich

BONIFATIUS
Druck · Buch · Verlag